中国职业教育科研发展报告
(2019)

Zhongguo Zhiye Jiaoyu Keyan Fazhan Baogao

(2019)

王扬南　主编

高等教育出版社·北京

内容提要

本书基于对全国职业教育科研机构工作进展的调研，梳理了职业教育科研在服务决策支撑科学发展、探索规律回应实践需求、指导实践破解发展难题、引导舆论助推政策落地等方面在我国职业教育改革发展中发挥的不可替代的作用，分析了2019年职业教育学科研究数据和2019年全国高职院校科研成果数据，并选取了2019年10个职业教育政策热点、舆论焦点、理论重点、实践难点问题进行了综述，旨在进一步明确未来我国职业教育科研的努力方向，引导战线进一步将职业教育研究与社会进步、国富民强结合起来，在国家产业转型升级、供给侧结构性改革和促进就业等大局中思考、在大格局下找到坐标、找准定位。

图书在版编目（CIP）数据

中国职业教育科研发展报告．2019／王扬南主编．－－北京：高等教育出版社，2020.12
ISBN 978-7-04-055323-9

Ⅰ．①中⋯ Ⅱ．①王⋯ Ⅲ．①职业教育-教育科学-科学研究-研究报告-中国-2019 Ⅳ．①G719.2

中国版本图书馆 CIP 数据核字（2020）第 272715 号

| 策划编辑 | 桑　丽 | 责任编辑 | 桑　丽 | 封面设计 | 李树龙 | 版式设计 | 杜微言 |
| 插图绘制 | 邓　超 | 责任校对 | 刘丽娴 | 责任印制 | 耿　轩 | | |

出版发行	高等教育出版社	网　　址	http://www.hep.edu.cn
社　　址	北京市西城区德外大街4号		http://www.hep.com.cn
邮政编码	100120	网上订购	http://www.hepmall.com.cn
印　　刷	固安县铭成印刷有限公司		http://www.hepmall.com
开　　本	787mm×1092mm　1/16		http://www.hepmall.cn
印　　张	9.75		
字　　数	130千字	版　　次	2020年12月第1版
购书热线	010-58581118	印　　次	2020年12月第1次印刷
咨询电话	400-810-0598	定　　价	30.00元

本书如有缺页、倒页、脱页等质量问题，请到所购图书销售部门联系调换
版权所有　侵权必究
物　料　号　55323-00

前言

2019年，是中华人民共和国成立70周年，对于中国职业教育发展而言，也是有着非凡意义的一年。1月，国务院印发《国家职业教育改革实施方案》，明确指出职业教育与普通教育是两种不同教育类型，具有同等重要地位。3月，国务院总理李克强在政府工作报告中提出："改革完善高职院校考试招生办法，鼓励更多应届高中毕业生和退役军人、下岗职工、农民工等报考，今年大规模扩招100万人。"党中央高度重视职业教育，并寄予殷切期望。中国职业教育发展进入新的历史机遇期。2019年全国教育工作会议上，教育部部长陈宝生表示，"今年，职业教育要下一盘大棋。"这一年，围绕《国家职业教育改革实施方案》的落实和中央的相关要求，教育部联合有关部门出台了一系列配套文件，积极推动《国家职业教育改革实施方案》各项任务落实落细。

落实党中央、国务院把发展高等职业教育作为缓解当前就业压力、解决高技能人才短缺的战略部署，加快培养国家发展急需的各类技术技能人才，完成高等职业教育扩招百万任务。5月，教育部、国家发展改革委、财政部、人力资源和社会保障部、农业农村部、退役军人部印发《高职扩招专项工作实施方案》，明确2019年高职院校面向应届高中毕业生、中职毕业生和四类社会群体实施扩招。全年共实现扩招116.5万人。

集中力量建设一批引领改革、支撑发展、中国特色、世界水平的高职学校和专业群，完善有效支撑职业教育高质量发展的政策、制度、标准，形成中国特色职业教育发展模式。4月，教育部、财政部陆续印发《教育部 财政部关于实施中国特色高水平高职学校和专业建设计划的意见》《中国特色高水平高职学校和专业建设计划遴选管理办法（试行）》和申报通知。12月，公布了"中国特色高水平高职学校和专业建设计划"建设名单，56所高职学校入选高水平学校建设计划，141所高职学校入选高水平专业群建设计划。其中，服务面向战略性新兴产业、现代服务业、先进制造业、现代农业的专业群个数分别为75、71、63、23。

为深化复合型技术技能人才培养培训模式和评价模式改革，提高人才培养质量，畅通技术技能人才成长通道，开展"学历证书+若干职业技能等级证书"（简称"1+X证书"）制度试点。4月，教育部、国家发展改革委、财政部、市场监管总局联合印发《关于在院校实施"学历证书+若干职业技能等级证书"制度试点方案》。全年在高端制造、现代服务业等领域分两批遴选公布14个职业教育培训评价组织、16个职业技能等级证书。

加快推进现代职业教育体系建设，启动本科层次职业教育试点。审批设立15所职业教育本科试点学校，强调职业教育的类型属性，本科层次职业院校在学校名称、师资队伍、课程设置、教学体系等方面保持职业教育属性。

此外，从省级政府层面探索破解长期以来制约职业教育改革发展的难题，推进山东省职业教育改革创新试点；为提升中等职业教育的社会地位，设立中等职业教育国家奖学金，12月，教育部、人力资源和社会保障部公布首批获奖学生名单，19 915名学生榜上有名，每人奖励6 000元；为深化职业院校教师队伍建设改革，培养造就高素质"双师型"教师队伍，教育部等四部门印发《深化新时代职业教育"双师型"教师队伍建设改革实施方案》，建立校企人员双向交流协作共同体，推动企业工程师进入职业院校，深度参与人才培养，等等。

与此同时，党和政府高度重视教育科学研究在教育发展和改革中的重要作用。2019年，教育部印发了《教育部关于加强新时代教育科学研究工作的意见》，这是以教育部名义印发的第一个关于教育科学研究工作的规范性文件，构建了新时代教育科研工作基本制度和治理体系的蓝图，提振了教育研究者的信心，增强了其责任心和使命感。

我国职业教育改革进入深水区，类型教育的新定位对职业教育科研提出了新要求。编撰《中国职业教育科研发展报告》是教育部职业技术教育中心研究所掌握全国职业教育科研进展情况，引导职业教育科研发展，提供决策服务的抓手。2019年的报告，在分析科研数据、研究热点的基础上，增加了对全国职业教育科研机构工作进展的调研，梳理了职业教育科研在我国职业教育改革发展中服务决策支撑科学发展、探索规律回应实践需求、指导实践破解发展难题、引导舆论助推政策落地等方面发挥的不可替代的作用，旨在进一步明确未来我国职业教育科研的努力方向，引导战线进一步将职业教育科学研究与社会进步、强国富民结合起来，在国家产业转型升级、供给侧结构性改革和促进就业等大格局中思考，在大格局下找到坐标、找准定位。

教育部职业技术教育中心研究所
2020年4月

目　　录

第一部分　总报告：全面提升职业教育科研服务高质量发展整体贡献力 …… 1

一、中国特色职业教育科研体系初步形成 ……………………… 2
二、推动职业教育改革发展作用不可替代 ……………………… 7
三、清醒认识职业教育科研与新时代要求之间的差距 ……… 21
四、释放职业教育科研服务高质量发展新动能 ……………… 24

第二部分　数据分析 ……………………………………………… 27

一、2019年职业教育学科研究数据分析 ……………………… 28
二、2019年全国高职院校科研成果数据分析 ………………… 39

第三部分　研究热点 ……………………………………………… 63

一、全面贯彻党的教育方针，推进职业教育高质量发展 …… 64
二、凸显新时代职业教育类型特质，完善职业教育与培训体系 ………………………………………………… 71
三、高质量完成百万扩招，为产业经济转型升级提供优质人力资源支撑 ……………………………………… 77
四、实施1+X证书制度试点工作，推进产教融合的深入 …… 87

1

五、推进高职院校"双高"建设,引领新时代职业教育
　　高质量发展 ·· 96

六、发展产教融合型企业,构建校企命运共同体················ 106

七、深化"三教"改革,提高职业教育质量 ···················· 112

八、建设高素质"双师型"教师队伍,支撑职业教育
　　现代化发展 ·· 118

九、发挥职业教育根源性脱贫作用,打造一支永不撤退的
　　帮扶力量 ·· 126

十、人工智能赋能职业教育,助推技术技能人才培养············ 139

后记 ··· 146

第一部分

总报告：全面提升职业教育科研服务高质量发展整体贡献力

习近平总书记在全国教育大会上的讲话是我们党对教育事业规律性认识的深化，为新时代教育事业发展提供了根本遵循，为教育科学研究提供了思想指南。党的十九届四中全会对坚持和完善中国特色社会主义制度、推进国家治理体系和治理能力现代化作出了全面系统的战略部署，为今后的教育改革指明了方向。党的十八大以来，以习近平同志为核心的党中央把职业教育摆在更加突出的位置，加快推进职业教育进入新的发展阶段。职业教育科学研究是职业教育事业的重要组成部分。促进职业教育决策科学化，推进职业教育治理体系和治理能力现代化，迫切需要职业教育科研把握时代脉搏和教育规律，促进职业教育事业科学发展。

职业教育科研通过汇聚教育界、产业界、科技界等社会多方力量，共同探索职业教育改革发展规律、技术技能人才培养规律，构建中国特色职业教育理论体系、破解职业教育创新实践难题，在新时代职业教育现代化进程中发挥重要的支撑、驱动和引领作用。

一、中国特色职业教育科研体系初步形成

职业教育科研体系建设作为加快发展现代职业教育的基础性工程取得了长足发展，形成了政府推动，国家、省、市三级联动，科研机构、学术团体、行业企业、普通高校、职业学校等主体多元，职业教育基础理论研究、重大战略问题研究与职业教育教学实践研究并重，数以百万计的基层学校一线教师广泛深入参与的职业教育科研发展格局。

（一）职业教育科研机构三级建设省级覆盖

我国唯一的国家级职业教育科研专门机构教育部职业技术教育中心研究所（以下简称"职教所"）成立于1990年，是中国和德国在职业教育领域合作的重大成果，在全国职业教育科学研究体系中

发挥着协调组织作用。建所30年来，职教所协调组织各地职业教育科研工作，研究职业教育、终身教育改革与发展，参与起草有关职业教育的方针政策和法规；承担国家职业教育重大项目的具体组织实施；组织研究、制订并推广职业技术教育专业、课程等标准；提供职业教育信息服务，宣传职业教育政策，促进学术交流；开展职业教育比较研究，开展国际交流与合作等，为国家职业教育管理与决策提供服务支撑。

我国省级职业教育科研机构实现基本覆盖。据了解，31个省（自治区、直辖市）除了2个省份外，其他29个省（自治区、直辖市）均设有省级职业教育科研机构。从机构设置情况来看，主要有三类：一是教育厅（教委）下设职业教育研究室（中心）等直属事业单位，承担省级职业教育科研工作，包括天津、上海、浙江、福建、河南、甘肃、青海等7个省（直辖市）；二是在省（自治区、直辖市）教科院（所）下设职教（职成教）研究所（室），承担省级职业教育科研任务，包括北京、山西、内蒙古、江苏、安徽、山东、湖北、湖南、广东、海南、重庆、四川、贵州、云南、陕西等15个省（自治区、直辖市）；三是教育厅成立职业教育研究所（院、中心）挂靠大学，承担省级职业教育科研任务，实施双重管理，包括河北、吉林、广西、新疆等4个省（自治区）；另外，有以省教育学院（教师发展学院）下设职成教研究所或研培中心，承担省级职业教育教科研任务，如辽宁省和黑龙江省；也有的在大学设置职业教育科研机构承担省级职业教育教科研任务，如江西省。全国5个计划单列市均设置了职业教育科研机构。

部分省份建立了地市级职业教育教研机构。在省级教育行政部门的指导下，各地级市也非常重视职业教育教研机构建设工作，有些省份所属全部地级市均建立了隶属教育行政部门的职业教育教学研究室（所、中心、院），负责指导和协调当地职业教育教学研究和教师队伍建设工作，如吉林、福建、河南等省地级市均设立了职业教育教研机构。有的省份部分地级市建立了职业教育教研机构，如河北省11个地级市，有10个设置了专门的职业教育教研机构。

（二）群众性学术研究网络参与最为广泛

以中国职业技术教育学会、中华职业教育社等为代表，形成了参与最为广泛的群众性学术研究网络。

中国职业技术教育学会成立于1990年，是全国一级群众性学术组织。目前学会共有34个省级和计划单列市职业教育学会，15个行业教育协会，30余个学会内设机构。2018年，中国职业技术教育学会第五届理事会成立，新一届理事会体现职业教育的跨界性，显示跳出教育办好教育的新视野，聚集了一批科技界、行业企业界、教育界、研究机构知名人士。学会遵循"围绕中心、服务大局、紧贴基层"原则，打造十个工作载体，践行"政治强会、服务兴会、学术立会、依法治会"。

中华职业教育社在职业教育科学研究中发挥着独特作用。中华职业教育社创立于1917年。作为中国共产党领导的具有"统战性、教育性、民间性"的群众团体，宣传国家有关职业教育的方针政策，加强代表人士队伍建设；开展职业教育的调查研究，积极建言献策；开展职业教育和黄炎培教育思想研究，推进职业教育理论和制度创新；加强与港澳台同胞、海外侨胞及国外有关教育团体和人士的联系，促进友好交流与合作等。截至2017年底，中华职业教育社在全国共有省级组织31个，省辖市（区）、县、乡级社624个，团体社员近4 000个，个人社员4万余人，是开展职业教育科学研究的重要力量。[①]

此外，同样具有职业教育研究功能的还有中国成人教育协会、中国职工教育和职业培训协会等其他全国性群众组织，形成了参与

[①] 中华职业教育社简介［EB/OL］．［2020-01-20］．http：//www.zhzjs.org.cn/zyjyAbout/about_content.aspx．

广泛、规模庞大、结构丰富的职业教育科研网络。

（三）普通高校与职业院校是职业教育科研主阵地

高水平大学是职业技术教育学科建设的主力军。从20世纪80年代开始，华东师范大学、天津大学、北京师范大学等一批知名大学相继开展了职业技术教育学学科建设和人才培养工作。多年来，职业技术教育学科点稳步发展，构建了"学士—硕士—博士—博士后"层次完整的职业技术教育学学科体系。截至2017年，全国职业技术教育学博士点27个，硕士点134个，[①]培养了大批专门从事职业技术教育研究的人才。据不完全统计，目前已有300余名博士研究生和12 000余名硕士研究生毕业后走上了职业教育科研和实践工作岗位。职业技术教育学科的分支学科逐步完善，主要包括职业教育原理、比较职业教育、职业教育课程与教学论、职业教育心理学等，积累了丰富的研究成果。学科建设质量稳步提升。2006年，天津工程师范学院职业技术教育学学科被评为天津市重点学科，吉林工程技术师范学院职业技术教育学学科被评为吉林省重点学科；2007年，华东师范大学职业教育学科被评为上海市重点学科。[②]此外，一些"双一流"大学组建了职业教育研究的专门机构，作为新型高校智库类型，一批高校设立的职业教育研究机构作用日益凸显。

职业院校是职业教育教学研究的主战场。全国1 400多所高职院校普遍设立专门的职业教育研究机构，中等职业学校的职业教育研究机构不断增多，研究能力不断提升。职业院校是承担国家职业教育科研立项的主力。2019年，全国教育科学"十三五"规划课题共立项521项，其中职业教育科研立项52项；教育部人文社会科学研究一般项目共立项3 675项，教育学门类下为240项，职业教育科研

[①][②] 匡瑛，石伟平.改革开放40年职业技术教育学科发展的回顾与思考［J］.教育研究，2018，39（10）：32-39.

立项 24 项。两项共计 76 项。这 76 项中，职业院校立项 36 项，占比 47%。回溯近五年，除 2017 年外，职业院校的科研立项比例一直保持稳定，2015—2019 年，分别为 42.8%、50%、29.4%、52% 和 47%。[①] 2019 年杭州市西湖职业高级中学和江苏省宜兴中等专业学校两所中等职业学校承担了国家社科（教育学）一般课题，开启了中等职业学校承担高水平职业教育科研项目的先河。职业教育科研是提高教育质量、增强服务功能的必由之路，在职业院校发展过程中发挥着越来越重要的作用。职业院校重视职业教育科研，部分院校形成了鲜明的科研特色。2019 年，职业教育论文成果中，职业院校在全部期刊、北大核心期刊、CSSCI 期刊中的论文比重分别达到 93.0%、60.0%、42.1%。此外，职业院校围绕产业、行业发展进行的专业（技术）研究，虽然不是直接的教学研究，但根本上仍是为人才培养服务，也是职业院校科研的重要内容。据不完全统计，我国高职院校每年学术论文成果约为 13 万篇。

（四）行业企业深度参与

行业企业参与是职业教育的重要类型特色，全国行业职业教育教学指导委员会（以下简称"行指委"）是行业企业深度参与职业教育科学研究的桥梁和纽带。近年来，在国家大力推动下，组建了由行业主管部门或行业组织牵头的行指委，主要代表行业企业对本行业（专业）职业教育教学工作进行研究、指导、服务和质量监控，是行业企业参与职业教育人才培养的重要途径。开展职业教育的专业教学研究是行指委的基础性工作，也是职业教育科学研究和教学研究的重要领域。目前，全国已经成立了卫生、机械、电子、铁道、交通等 62 个行指委，为职业教育改革发展提供了重要的需求视角及决策参考。

---

① 匡瑛，石伟平. 改革开放 40 年职业技术教育学科发展的回顾与思考 [J]. 教育研究，2018，39（10）：32-39.

二、推动职业教育改革发展作用不可替代

职业教育科研工作对推动职业教育事业改革发展具有先导性意义和基础性作用。中华人民共和国成立 70 多年来，尤其是改革开放 40 多年来，我国职业教育走出了一条有中国特色的发展之路。其中，职业教育科研深度融入职业教育事业发展的生动实践，在服务决策、探索规律、指导实践及引导舆论等方面发挥了重要作用。

（一）服务决策支撑科学发展

我国的职业教育科研机构绝大部分直接设在政府教育部门内部，或者与决策部门有着千丝万缕的联系。他们服务行政，通过参与起草政策文件、提供调研报告、完成行政委托的研究项目等方式服务决策，成为政府职业教育决策和推动职业教育改革发展的重要支撑。

1. 参与政策制定，科研为职业教育决策提供智库支持

回顾职业教育的发展历程，就是职业教育科研伴随的过程。改革开放以来，职业教育发展的重大政策制定及重要会议筹备，职业教育科研机构都是重要的参与者，包括参与起草《中华人民共和国职业教育法》，参与制定《国家中长期教育改革和发展规划纲要（2010—2020 年）》《国务院关于加快发展现代职业教育的决定》《国家职业教育改革实施方案》（以下简称"职教 20 条"）等重要政策文件；参与筹备 2002 年、2004 年、2005 年、2014 年全国职业教育工作会议，等等。目前，职业教育科研机构正在积极参与《中华人民共和国职业教育法》修订、国家职业教育"十四五"规划制定等，积极为新时代职业教育大改革、大发展贡献力量。

2. 调研分析论证，科研为职业教育决策提供依据

近年来，我国职业教育得到了国家前所未有的重视，教育部及相关部委为贯彻落实国家相关重大战略和发展职业教育的重要精神，

发布了一系列文件，如《现代职业教育体系建设规划（2014—2020年）》《职业学校校企合作促进办法》等。2019年，围绕贯彻落实"职教20条"，教育部及相关部门配套印发了高职扩招、"三教"改革、产教融合、1+X证书制度试点、体制机制改革等30多个政策文件，这些文件都充分借鉴和吸纳了职业教育科研提供的理念支撑、调研分析、项目论证和思路建议。如，科研机构推进产教融合型企业标准研究，研制了"产教融合型企业教育费附加抵免测算方案"，编制了28条相关税收政策指引，为《建设产教融合型企业实施办法（试行）》提供相关依据。又如，2015年，为贯彻落实全国职业教育工作会议精神，推动《中华人民共和国职业教育法》修订，职业教育科研机构配合教育行政部门，协调组织专家学者，分10个调研组赴31个省（自治区、直辖市）开展职业教育改革发展情况专项调研。总结职业教育工作的新进展、新经验、新做法，评估《中华人民共和国职业教育法》和《国家中长期教育改革与发展规划纲要（2010—2020年）》实施情况，梳理制约职业教育发展的突出问题，提出加快发展现代职业教育的立法和制度建设建议。

3. 承担委托课题，科研为职业教育决策提供参考

职业教育科研机构受国家相关部门委托完成了一批重大决策咨询项目，如《中国教育现代化2035》《中国职业教育发展2030研究报告——发展目标、主要问题、重点任务及推进策略》等。2019年，职业教育科研机构服务教育脱贫攻坚，发挥科研优势，开展职业教育助力义务教育控辍保学研究，提交《在控辍保学中更好发挥职业教育作用》研究报告；开展基于职业教育的国家资历框架研究，撰写了我国资历框架建设的政策建议；研究职业教育培训收益的运行机制问题，提交《关于职业院校培训收益不纳入绩效工资总额管理的建议》；开展体系研究，提交《职业教育体系结构及毕业生升学途径与机制研究》报告等，为职业教育决策提供参考。

4. 服务地方决策，科研助推区域职业教育发展

在服务国家职业教育政策制定的同时，地方职业教育科研机构着眼于当地经济社会发展宏观背景、产业发展需求、现代职业教育发展趋势，努力为地方政府职业教育决策服务，助推区域职业教育发展。"职教 20 条"发布后，31 个省（自治区、直辖市）与教育部签署了落实备忘录，对部分省（自治区、直辖市）2019 年工作情况的整理显示，河北、吉林、甘肃、安徽、陕西、重庆、广西、福建、江西、河南、青海、上海、辽宁等多省（自治区、直辖市）印发了各地的职业教育改革实施方案，这些地方的职业教育科研机构在其中发挥了重要作用。

此外，地方职业教育科研机构参与起草了省级职业教育重大政策或决策，如北京职业教育科研机构参与起草《北京市人民政府关于加快发展现代职业教育的实施意见》，天津职业教育科研机构参与起草《中共天津市委办公厅 天津市人民政府办公厅印发〈关于做大做强做优职业教育的八项举措〉的通知》，河北职业教育科研机构参与起草《河北省职业教育改革发展实施方案》，辽宁职业教育科研机构参与起草《辽宁省人民政府关于加快发展现代职业教育的意见》，吉林职业教育科研机构参与起草《中共吉林省委 吉林省人民政府关于加快发展吉林特色现代职业教育的实施意见》，江苏职业教育科研机构参与起草《江苏教育现代化 2035》，湖南职业教育科研机构参与起草《中共湖南省委 湖南省人民政府关于加快发展现代职业教育的决定》，河南职业教育科研机构参与起草《河南省人民政府关于加快发展现代职业教育的意见》，陕西职业教育科研机构参与起草《陕西省职业教育改革实施方案》，山东职业教育科研机构参与起草《教育部 山东省人民政府关于整省推进提质培优建设职业教育创新发展高地的意见》，等等。一些科研成果成为地方职业教育改革发展的重要指南，如上海职业教育科研机构完成上海市人民政府委托的《上海现代职业教育体系建设规划（2015—2030 年）》编制工作，

对未来15年上海职业教育的发展规模和层次、布局结构和体系建设等进行了一系列的设计。

（二）探索规律回应实践需求

多年来，职业教育科研战线不断探寻职业教育规律，为中国特色职业教育理论体系的丰富和完善进行着积极探索。

1. 理论探索植根中国大地

深化类型特征认识，引导职业教育不断摆脱普通教育模式的束缚。改革开放40多年来，职业教育科研伴随职业教育事业发展，不断探寻类型教育的本质属性、类型特征，深化对职业教育规律的认识，职业教育逐渐摆脱了普通教育模式的束缚，改变了中等职业教育参照中小学教育、高等职业教育参照普通高等教育的尴尬依附状态。职业教育是与经济社会联系最为紧密的教育，作为一种教育类型，职业教育是"跨界的教育"，产教融合、校企合作是职业教育的本质要求和基本特征。职业教育的人才培养目标是技术技能人才，遵循这类人才的成长规律，研制自身的制度与教育教学标准，探索"订单培养""集团化办学""现代学徒制"的人才培养模式，强化实践培养，构建"工作过程系统化"课程体系，实施"行动导向教学""项目教学"，打造"双师型"职业教师师资队伍等，初步建构了具有中国特色的职业教育理论体系。

服务全面发展，推动畅通技术技能人才成长渠道。改革开放以来，职业教育培养了数以亿计的高素质劳动者和技术技能人才。职业教育科研不断探索推动职业教育与经济社会同步发展，使人才培养的规模、质量、规格适应技术进步、生产方式变革和社会发展的需要；探索服务人的全面发展，为学生和社会成员搭建多样化选择、多路径成才"立交桥"。多年来，职业教育科研争鸣中等职业教育的基础地位以及高中阶段教育职普比问题，探索高等职业教育高质量发展以及从中职、专科、本科到研究生的上升通道，研究中高职衔接和引导普通本科高等学校转型发展的路径，推动形成定位清晰、特色鲜明、科学合理的职业教育层次结构。随着我国经济社会快速发展，持续提升生产和生活技能越来越成为每个人的迫切需求，开展面向各类社会群体的教育和培训，成为职业院校必须要承担起的任务。职业教育科研聚焦强化职业教育体系培训功能，促进学历教育与培训有机衔接。开展书证融通研究，探索推进职业技能等级标准与院校专业教学标准的衔接融通；借鉴国外职业教育发展国家资历框架，研究符合中国实情的学分积累与转移制度；探索建立面向人人的职业教育与培训的灵活学习制度，推进全民终身学习，建设学习型社会。

本土化意识不断增强，注重"中国道路"。改革开放初期，我国职业教育理论研究主要是介绍国外职业教育理论。改革开放40多年来，职业教育科研一直关注、介绍并引进国外职业教育的先进理念、法律法规、制度政策，如德国"双元制"、澳大利亚的TAFE、英国的BTEC和现代学徒制等都对我国的职业教育理论及实践产生过深远的影响。随着中国职业教育实践的不断深入，职业教育科研逐渐意识到本土化经验的重要性，在借鉴并调适国外经验的基础上，深刻把握中国社会的时代背景，对我国富有特色的职业教育实践经验进行有条理的反思、归纳与提升。2018年职业教育教学成果奖特等奖成果——山东平度市职业中等专业学校《助推县域三农转型升级的中等职业学校教学改革研究与实践》就是借鉴德国"双元制"经验，通过农业职业教育中国化实践而提炼产生。平度职教中心是中德职业教育合作联合办学建立的首个农村借鉴"双元制"职业教育的实验中心。德国"双元制"产教融合、企业深度参与人才培养是其精髓，但由于国情不同、文化背景不同，全盘照搬在实践中是行不通的，需要将"双元制"中国化、平度化。平度职教中心逐渐形成"双创闭环，专业跨界"人才培养模式，实施学生中心专业跨界学习组织模式，强调通过完整产业链实训基地培训，既重视单项实用技术的学习，更注重相应产业体系或领域的综合能力养成，实现从模块化专业技能的掌握转化为生产经营能力的培育。平度职教中心的探索是中国职业教育发展的缩影，在不断"引进来"的同时，探索凝练形成中国模式，中国职业教育理论不断走向成熟、自信。近年来，配合"一带一路"建设和国际产能合作，中国职业教育积极与企业协同"走出去"，中国职业教育理论、标准也开始走出国门，如"鲁班工坊"，让世界了解和认识中国企业，认同中国标准，为国际职业教育发展与创新贡献中国的智慧和力量。

2. 产教融合提升人才培养质量

职业教育科研与行业企业紧密合作，探寻人才成长规律，提升人才培养质量。行业企业深入参与标准制订，与职业教育科研人员共同开展行业人才需求趋势与供给分析，为职业教育人才培养提供重要参考和依据。如，《中等职业学校专业目录》是中等职业教育设置与调整专业、实施人才培养、组织招生、指导就业的基本依据，是教育行政部门规划中等职业教育专业布局、安排招生计划、进行教育统计和人才预测等工作的主要依据，也是学生选择就读中等职业教育专业、社会用人单位选用中等职业教育毕业生的重要参考。2016—2019 年，职业教育科研机构组织《中等职业学校专业设置优化调整方案》研制工作，共有 54 个行指委（教指委）参与研制，调研了 3 200 多家企业、3 500 多家职业院校（近 10 000 个专业点），直接参与研制的行业、企业、院校、研究机构等方面专家 4 300 多人次。在调研阶段，整理形成来自 27 个省级职业教育行政管理部门、39 个行指委（教指委）的 314 条有关中等职业教育原专业和新增专业的调整建议，为研制相关专业目录、优化调整方案提供了重要参考。在研制与修订阶段，54 个行指委（教指委）研制组提交的论证报告为 2019 年《中等职业学校专业目录》修订工作的顺利进行提供了重要支撑。

行业企业的参与已经成为职业院校开展科研活动的重要组成部

分。2018年国家职业教育教学成果奖获奖成果申报单位数据显示，50%以上成果为职业院校与企业联合申报，有60%的成果由职业院校与政府、行业、企业等两个或两个以上单位合作完成。

3. 围绕中心回答时代之问

多年来，职业教育研究紧密围绕职业教育改革发展的中心工作，积极回答中央关心、社会关注、人民关切的热点难点问题。

我国职业教育研究热点选题与我国职业教育改革发展的进展几乎同步。对2019年职业教育论文成果进行大数据分析显示，职业教育最受关注的论文选题、重要作者，2019年科研成果选题都非常集中地围绕"职教20条"中提出的新问题、重点难点问题展开。1+X证书制度试点、高职扩招、产教融合、"双高"建设、"三教"改革、类型教育、课程思政、师资队伍建设等显示度非常突出。有150余篇专门研究"1+X证书制度"的学术论文，160余篇专门研究"百万扩招"的学术论文，140余篇专门研究"双高"建设的学术论文。

对2013—2018年全国中文核心期刊与CSSCI来源期刊每年关注度最高的200篇文献进行关键词分布分析，同样呈现了职业教育科研紧密围绕着近年来职业教育发展的重点、热点的特点。如，职业教育体系建设连续6年成为热点问题，侧重点不断聚焦。"职教体系"2014年、2015年、2016年连续3年为关键词，2014年、2017年出现关键词"中高职衔接"，2018年"教育类型"成为关键词中心点。又如，"校企合作"连续6年是关键词中心点，作为校企合作的机制载体，"职业教育集团""学徒制"分别在2015年、2016年成为关键词中心点。"产教融合""校企合作"是2018年关键词中心点。

职业教育积极服务国家战略，相关研究应声而起。"精准扶贫"思想提出后，2016年职业教育研究关键词出现"精准扶贫"，2017年"精准扶贫"成为关键词中心点，2018年"精准扶贫"保持为关键词中心点；"一带一路"倡议提出后，2016年职业教育研究出现关键词"国际化人才"，2017年"一带一路"成为关键词中心点；

2017年"互联网+"成为职业教育研究关键词，2018年"人工智能"成为关键词中心点，这些充分体现了职业教育科研的与时俱进。

（三）指导实践破解发展难题

职业教育科研积极推动解决职业教育实践问题，推动职业教育重点领域和关键环节取得突破。

1. 履职担当解决发展中的新难题

近年来，我国职业教育得到了国家前所未有的重视，一系列新政的出台，对职业教育是重要机遇也是重大挑战。职业教育科研机构履职担当，不断解决发展中遇到的新难题，如1+X证书制度试点工作。

1+X证书制度是国家职业教育制度建设的一项基本制度，也是构建中国特色职业教育发展模式的一项重大制度设计与创新。1+X证书制度的实施，必将助推职业院校改革走向深入。然而，作为一项全新的制度设计，如何运行、机制如何落实是一项复杂的系统工程。2019年，职业教育科研机构组织专家在深入研究1+X证书制度内涵特征、运行机制及相关管理制度、服务支撑体系的基础上，组织研制1+X证书制度试点工作各项配套管理制度，如职业教育培训评价组织遴选与管理办法、职业技能等级标准开发工作指南、职业技能等级考核站点建设管理指南、职业技能等级证书编码规则及证书参考样式等；开展1+X证书管理信息平台研究，研制职业技能等级证书信息管理平台建设方案等，为健全1+X证书制度试点工作各配套制度，规范管理，稳妥推进试点工作打下良好基础。

2. 问题导向聚焦标准建设

我国职业教育发展的重点正转移到内涵发展和质量提升上来，"质量是有标准的，没有标准就没有质量"，标准体系建设对于加快发展现代职业教育、加快实现职业教育现代化具有重要意义，也一直是职业教育的薄弱环节。职业教育科研机构以问题为导向，在国家和地方职业教育标准建设方面做出了重要贡献。

2019年，国家职业教育研究机构协调科研力量，强化人才需求预测研究，健全专业随产业发展的动态调整机制，持续组织行指委开展行业人才需求和专业设置研究，促进教育链、专业链与产业链、人才链的有机衔接。研究发布《行业人才需求与职业院校专业设置指导报告》，报告涵盖了现代农业中的现代渔业，先进制造业中的智能制造机械、模具、高分子，现代服务业中的会展、数字出版、冬季体育、医学检验以及战略性新兴产业中的硅材料、云计算与大数据、互联网金融等14个行业领域。完成46个新增中等职业学校专业目录研制工作，引导院校对接经济社会需求设置专业。持续开展课程教学标准研制工作，研制《中等职业学校公共基础课设置方案》和46个新增专业的教学标准及若干专业核心课程标准。研制高等职业学校英语、信息技术课程标准，对中等职业学校语文、历史等公共基础课程标准进行了修改完善。

各地落实国家教学标准，探索建设具有区域特色、地方特点的职业教育教学标准体系。从2019年收集的27个省（自治区、直辖市、计划单列市）职业教育工作情况看，北京、河北、江苏、山东、河南、湖北、湖南、广东、重庆、四川、陕西、宁波等地的职业教育科研机构都深度参与了地方教学标准制订。广东职业教育科研机构开展中高职衔接专业教学标准和课程标准研制，先后立项74个专业，研制了80个专业教学标准和1 000门核心课程标准，在此基础上，参与完成国内首个资历框架地方标准——《广东终身教育资历框架等级标准》（DB44/T1988-2017）。江苏职业教育科研机构研制了中等职业教育114个专业指导性人才培养方案、80个专业技能教学标准（适用于140个专业）、803门专业核心课程标准、44个专业大类专业理论考纲和技能考纲。山东职业教育科研机构研制了《山东省中等职业学校教学规范》，指导各职业院校专业教学标准的制定，完成193个专业教学指导方案的制订工作。

3. 搭建平台提升教师专业素质能力

职业教育科研机构积极搭建平台，通过课题、培训和重点指导，提升职业院校教师的综合素质，培育教学改革的领军师资，推动职业院校教师队伍结构优化。

课题带动，吸引教师广泛参与教科研。职业教育科研机构通过组织教育教学改革项目的申报、评审、验收与过程管理，指导项目研究，总结推广研究成果，提升教师教科研能力，进而推动教育教学改革。江苏职业教育科研机构制订《江苏省职业教育教学改革研究课题管理办法》，在广泛参与的基础上，深化课题管理改革，强化课题研究规范，加强课题过程管理，实施"省、市、校"分级分类统筹集中管理制度。湖南职业教育科研机构指导全省职业院校教育教学改革项目的研究，2016年立项623项，其中，高等职业教育318项，中等职业教育272项，社区教育33项。2019年立项714项，其中，重点项目10项，一般项目704项。2016年以来，立项1 337项。覆盖全省14个地市，以及所有的高职院校。

通过教改课题研究，涌现了一批优秀教学改革研究成果，如吉林、广西、河北等多个省份，2014年和2018年省级职业教育教学成果奖获奖的都有专门的课题作为支撑。江苏省在第一届150项江苏省职业教育类教学成果奖中，有102项与省职业教育教改课题高度相关，所占比例为68%；第二届国家教学成果奖中，有72%与省职业教育教改课题高度相关。

系统培训，提高教师综合素质。近三年来，各级各类职业教育科研机构参与、指导了国家级职教师资培训35万余人次。湖南职业教育科研机构加强师资培训考核标准建设，确保培训质量。自2010年开始，建立职业院校教师培训与考核制度，在科研机构内设立湖南省职业院校教师培训与考核工作委员会办公室，先后组织开发、修订完善了34个教师培训与考核标准，统筹制订年度培训规划，落实培训学员，开展培训基地遴选，优化指导基地培训方案，监控培训全过程。2014—2019 年，组织国家级培训班 400 余个、省级培训班 300 余个。北京职业教育科研机构研制了职教名师及专业带头人等高层次人才在职培养方案与标准，专业创新团队建设的标准和管理制度，开发了特聘专家聘用管理规程。浙江职业教育科研机构突出专业新知识、新技术，聚焦教师、教材、教法改革等，开展系列职教师资专题培训。

　　加强指导，打造高水平教师团队。职业教育科研机构发挥专业引领作用，加强指导，着力培养教育教学改革中坚力量，发挥领军人才的作用，打造高水平的教师团队。江苏职业教育科研机构组建省职业教育教研中心组，通过加强培养和指导中坚力量，打造高水平教师团队。2015 年，组建了第四届省职业教育教研中心组，按照综合、公共课和专业大类 3 类分设 23 个组别，在全省范围内遴选了 626 位同志担任省职业教育教研中心组成员。科研机构和教研中心组是行政决策的参谋团，是基层实践的指导者，肩负引领所在组别相关课程或专业改革发展的责任，重点开展以专业建设和人才培养模式改革为重点的政策咨询研究，以课程开发和教学资源建设为重点的教学改革研究，以提高教学质量和促进教师专业发展为重点的教学研究与评价活动。教科研中坚力量的积累为江苏职业教育事业发展提供了持久的动力，有力地推动了各地职业院校师资队伍的专业化发展，培养出了一大批潜心研究、善于反思、勇于创新的教学名师。

　　广西职业教育科研机构建立区域性职业教育教改教研载体"广西职业教育专业群发展研究基地"，先后建立 92 个专业群发展研究基地，充分对接广西培植"工业树"、打造"产业林"的产业政策，精准实施职业教育研究引领人才培养创新、支撑产业高质量发展行动，实现广西"强龙头、补链条、聚集群"产业转型人才链需求的全覆盖。已立项基地共培养基地专业群领军人 92 人，专业群内相关专业带头人 460 余人，骨干教师 3 220 余人，辐射相关专业领域的团队教师 9 000 余人。专业群发展研究基地培养出一批专业群领军人才，5 个团队进入 2019 年教育部首批国家级教学创新团队。

（四）引导舆论助推政策落地

职业教育科研战线积极发挥专业引领作用，研究技术技能人才成长规律、社会价值，搭建多样化平台，广泛宣传职业教育、阐释解读政策，引导社会形成正确的人才观、职教观，推动职教政策落地落实，营造职业教育发展的良好氛围。

1. 组织学习宣传

通过学术期刊、微信公众号等载体，宣传职业教育改革举措，扩大职业教育政策知晓度。

目前，全国各地共举办公开出版的各类职业教育专业期刊和职业院校学报 300 多种，其中全国中文核心期刊 4 种，另外还开设了一大批职业教育专门网站、公众号等新媒体，它们是职业教育政策传播的重要载体。"职教 20 条"颁布后，《中国职业技术教育》杂志第一时间推出《学习贯彻落实"职教 20 条"》专刊。《职业技术教育》《教育与职业》《职教论坛》等专业刊物都开设了相关专栏。据不完全统计，2019 年有近 4 000 篇论文主题为"国家职业教育改革实施方案"。

职业教育科研工作者通过在报纸、网站、微信公众号等平台发表文章等形式宣传职业教育。为学习宣传"职教 20 条"，职业教育专家学者在《光明日报》《中国教育报》《人民政协报》《中国青年报》等主流媒体上广泛发声。如《中国教育报》开设了系列专栏，发表了 90 余篇专题文章。

2. 释疑推动落实

通过解读宣讲等途径积极开展重大教育政策阐释解读，主动释疑解惑，推动政策落地落实。

2019年，为推动"职教20条"落实，各级职业教育科研机构积极组织专家解读讲座，帮助基层院校了解、领会和落实国家政策。如开展1+X证书制度试点的释疑解惑宣讲，职业教育科研机构先后在江苏省、浙江省组织开展1+X证书制度试点工作培训会，来自28个省（自治区、直辖市）的行业、企业、院校等各方代表约1 500人参会；参与培训评价组织开展的试点工作方案及职业技能等级标准说明会、宣讲会等，为宣传、推广、推进1+X证书制度试点工作打下良好基础。

2019年，教育部印发了《教育部关于职业院校专业人才培养方案制订与实施工作的指导意见》《关于组织做好职业院校专业人才培养方案制订与实施工作的通知》等文件。为推动此项工作深入开展，职业教育科研机构组织了职业院校专业人才培养方案专题解读和培训，来自29个省（自治区、直辖市）的1 000多个单位的3 000多位教师参加了培训。

3. 助力营造氛围

通过开展技术技能人才研究，引导树立正确的人才观，营造社会关心支持职业教育改革发展的良好氛围。

创建载体，宣传发展职业教育的重大意义和取得的重要成就，增强职业教育吸引力。近年来，各级各类职业教育科研机构编撰了涉及职业教育方方面面的发展报告，如《中国职业教育发展报告》《中国高等职业教育质量年度报告》《中国中等职业教育质量年度报告》《中国中等职业学校毕业生就业状况分析报告》等，成为社会了解职业教育的重要窗口。此外，各种类型的职业教育博物馆陆续建立，如中国职业教育博物馆、全国职业院校技能大赛博物馆以及职业院校建立的各类专业博物馆等，展示和传播中国职业教育发展历史、理念、成就等，成为普及职业教育、传承优秀职业教育文化以及深度挖掘职业教育价值的重要载体。

深入开展技术技能人才研究。聚焦人力资源开发、多元智能、类型教育、技术技能积累、劳模精神、工匠精神，深入开展研究，探究不同类型人才成长路径，展现各行各业都有杰出人才，"三百六十行，行行出状元"，选择适合的教育，人人都有出彩的机会。宣传引导社会崇尚劳动、尊重劳动者，不唯学历唯能力，形成正确的人才观，推动开创人人皆可成才、人人尽展其才的生动局面。

三、清醒认识职业教育科研与新时代要求之间的差距

党的十八大以来，习近平总书记就教育问题发表了系列重要讲话，提出了系列新思想新观点，形成了以"九个坚持"为标志的教育思想体系，职业教育科研工作者要以此为遵循，系统深入领会研究。当前，中国特色社会主义进入新阶段，需要职业教育科研工作者适应新变革、新特征、新任务，把握时代脉搏，积极探索职业教育科研的服务方向。同时，我国职业教育改革进入深水区，类型教育的新定位对职业教育科研提出了新期待。与新思想、新时代、新职教的要求相比，职业教育科研能力有待提升，科研体系建设有待加强，科研体制机制有待完善。

（一）职业教育科研能力有待提升

职业教育科研理论创新要进一步满足事业发展需要，提供有效供给。当前，我国正面临"百年未有之大变局"，国际格局深刻调整，不确定因素明显增多，新一轮科技革命和产业变革席卷全球，人类的生产生活方式正在发生深刻变化，迫切需要职业教育科研与时俱进把握职业教育发展规律和技术技能人才成长规律。职业教育科研要与经济社会、产业发展紧密结合，综合运用教育学、经济学、社会学等多学科的视角、知识和方法，突出基础性、前瞻性、战略性、创新性，提供满足职业教育高质量发展需要的理论生产。同时，职业教育科研要深入实践，总结、提炼实践经验，从而发现规律，夯实学理支撑。

职业教育科研要加大理论转化成为行动的力度，提升研究能力转化成为服务的能力。目前，理论与实践"两张皮"、理论研究"空转"现象仍一定程度存在。职业教育科研成果的出发点和归宿是职业教育实践，要紧密联系实际，把研究成果应用于教学实践，落实

立德树人；服务于决策，提供可操作的政策建议；转化为制度，支撑形成更加成熟、更加定型的职业教育体系和制度；引导好舆论，为职业教育事业科学发展营造良好的社会环境。实现"把理论与实践结合起来，传承与创新结合起来，普及与提高结合起来，学理性与应用性结合起来，积极开展课题研究、教研活动和行动研究，破解教育难题"。[1]

（二）职业教育科研体系建设有待加强

尽管我国职业教育科研体系初步形成，但距离全面覆盖、立体贯通、分工明确、优势互补的职业教育科研机构体系尚有差距。在省级层面，还有省份未设立职业教育科研机构。并且之前部分省份职业教育科研机构有单列，近几年地方单列职业教育科研机构都被合并。在地级市层面，部分市没有设置职业教育教科研机构，而普通教育教科研机构已经全面覆盖。例如，有的省份11个地级市均设有基础教育教学研究室并设专职岗位，设有职业教育教科研机构的地级市仅2个。在县级层面，基本没有专门的职业教育教科研机构，也没有职业教育教研员编制。

各省份职业教育科研机构普遍存在专职人员编制不足、专业化水平不高、结构不合理等问题。已设立的省级职业教育教科研机构与普通教育教科研机构相比，在管理、资源、设施、人员配备等方面还有很大差距。各省份重视程度不同，人数最少的省份仅2人。有的省份职业教育教科研人员与基础教育教科研人员数量差距悬殊，达到1∶14。

（三）职业教育科研体制机制有待完善

职业教育科研跨界性强，多学科、跨领域、复合性的综合研究

---

[1] 陈宝生. 坚持政治建会 服务立会 学术兴会 科学治会［J］. 中国教育学刊，2020（1）：5.

需要多种力量的广泛参与,科研协同机制建设有待加强。目前,政府部门之间、科研机构之间、科研机构与院校、行业企业、社团之间,协同机制缺失。并且,已有协同平台发挥作用不充分,统筹规划、资源整合、联合攻关、成果运用不够,力量分散,多方参与的协同创新机制尚未形成。

职业教育科研活力有待进一步激发。职业教育科研实践性突出,但目前对职业教育科研成果的评价并未体现这一特点,以成果质量和实际贡献为导向的职业教育科研评价体系尚未形成。"唯论文、唯职称、唯学历、唯奖项、唯帽子"等顽瘴痼疾仍制约着职业教育科研人员的积极性。职业教育科研人员晋升机制不健全、发展渠道不宽、奖励激励不够,亟须科学设置科研成果分类评价标准,营造有利于职业教育科研人员成长的良好环境。

四、释放职业教育科研服务高质量发展新动能

新时代提升职业教育科学决策、科学管理、科学实施的能力和水平,推进治理体系和治理能力现代化,迫切需要进一步加强职业教育科研工作。职业教育科研要落实好陈宝生部长强调的"注重理论创新,满足教育事业发展需求""注重成果转化,切实发挥教育科研作用"[①]的要求,为加快推进职业教育现代化、建设教育强国、办好人民满意的教育提供强大的智力支持。

(一)加强党对科研工作的全面领导

高举习近平新时代中国特色社会主义思想伟大旗帜,用理论创新的最新成果指导新时代职业教育科学研究工作。坚持以习近平新时代中国特色社会主义思想为根本遵循,引导职业教育科研人员提高政治站位,增强使命感、责任感。深入贯彻党的十九大精神,全面落实全国教育大会精神,树牢"四个意识",坚定"四个自信",做到"两个维护",确保职业教育科研工作在政治立场、政治方向、政治原则、政治道路上同党中央保持高度一致。围绕中心,服务大局,落实立德树人根本任务,坚持改革创新,不断探寻职业教育规律,提升职业教育科研质量和服务水平,为加快推进职业教育现代化、建设教育强国、办好人民满意的教育提供有力的智力支持和知识贡献。

(二)深化重大理论问题与实践问题研究

坚持立足中国大地,努力解答好职业教育发展中全局性、方向性和根本性问题,面向职业教育教学改革一线,聚焦重点领域和重大问

---

① 陈宝生. 把握时代脉搏和教育规律 促进教育事业科学发展 [J]. 教育研究, 2017, 38 (1): 4-6.

题开展研究。要开展习近平总书记关于教育的重要论述研究；聚焦立德树人根本任务开展重大理论和实践问题研究；推进类型教育的属性等职业教育基本理论研究；针对国家重大战略和区域发展需求，把握产业发展、技术进步、人口结构等大趋势，加强基础性、战略性、前瞻性的职业教育政策研究等。深入开展国家治理体系与治理能力背景下职业教育治理体系与治理能力现代化研究；加强产教融合、校企合作、工学结合、知行合一研究；深入研究职业教育国家制度和标准体系建设；研究职业教育落实劳动教育的方法路径；等等。

（三）注重应用，力推成果实现"四个转化"

职业教育科学研究要在"四个转化"上下功夫，为新时代职业教育改革发展"画好图"。要把握新时代对职业教育事业发展提出的新要求，紧密联系实际，落实立德树人根本任务，增强科研成果转化意识，把理论、方法、政策措施有机结合起来，推动教育科研成果及时有效转化为教案、决策、制度和舆论。完善职业教育科研发布制度，拓宽成果转化渠道，及时宣传优秀成果，推广应用成果。建立有影响力的推广平台，加大职业教育教学成果奖、教材奖、教育科学研究成果奖的成果推介力度。完善职业教育决策意见征集和专家咨询制度。加强对科研成果的知识产权保护，加大科研成果转化的奖励力度。

（四）强化保障，加强职业教育科研体系建设

各级教育行政部门要从全局的高度充分认识职业教育科研工作的重要性，切实重视发挥职业教育科研的作用，加强对职业教育科研工作的指导和支持。进一步健全国家、省、市三级科研机构。根据职业教育发展规模与需要以及工作职能，明确教科研人员条件，科学合理配足人员。创新职业教育科研经费投入机制，探索建立多元化、多渠道的投入体系，探索建立政府购买咨询服务制度，提供

相应的经费保障。完善教育科研成果表彰奖励制度，加大奖励力度，对长期潜心教育科研的团队和个人进行表彰奖励，更好地促进职业教育科研工作的发展。

（五）完善科研协同创新机制

重视加强不同类型、不同层级职业教育科研机构的协同创新，构建上下联动、纵横贯通、内外合作的协同创新体系，促进交流共享、资源整合，全面提升职业教育科研战线协同攻关能力。推动搭建全国职业教育数据信息平台，建立全国职业教育数据公开共享机制；搭建全国职业教育调研平台，聚焦职业教育重大决策部署实施情况和重大现实问题，协同开展全面深入的调查研究；搭建国外职业教育信息综合平台，充分发挥驻外使馆相关处室职能作用。推进全国职业教育研究管理平台建设，统筹管理和使用职业教育重大研究成果。

第二部分
数据分析

一、2019 年职业教育学科研究数据分析

（一） 2019 年职业教育科研立项分析

1. 课题立项数量保持平稳[①]

2019 年全国教育科学"十三五"规划课题共立项 521 项，职业教育科研立项 52 项，占比 10%。其中，国家重点招标课题 1 项，国家一般课题 21 项，国家青年基金课题 2 项，西部项目 5 项，教育部重点课题 20 项，教育部青年课题 3 项。2019 年度教育部人文社会科学研究一般项目共立项 3 675 项，教育学门类下为 240 项，职业教育科研立项 24 项，其中教育部人文社科规划基金项目 10 项，青年基金项目 14 项。

2015—2019 年，全国教育科学规划课题中职业教育领域研究立项数量分别为 35、52、51、51 和 52 项，占当年全部立项总数的 8.2%、10.9%、10.5%、10.0% 和 10.0%。其中，国家重点课题分别为 0、1、0、1 和 1 项，国家一般课题为 7、10、19、16 和 21 项，国家青年基金课题为 3、5、0、2 和 2 项，教育部重点课题为 16、23、24、21 和 20 项，教育部青年课题为 9、13、8、10 和 3 项，西部项目课题为 0、0、0、1 和 5 项（见图 1）。

教育部人文社会科学研究一般项目职业教育科研立项数量分别为 35、25、28、34 和 24 项，分别占当年教育学立项总数的 13.5%、13%、10.8%、11.9% 和 10.0%，从立项数量的占比上看，职业教育的占比变化不大，总体呈稳定趋势；其中教育部人文社科规划基金项目分别为 17、16、11、18 和 10 项，青年基金项目分别为 18、9、17、16 和 14 项（见图 2）。

---

① 立项课题数据根据全国教育科学规划领导小组办公室及中国高校人文社会科学信息网发布信息统计。

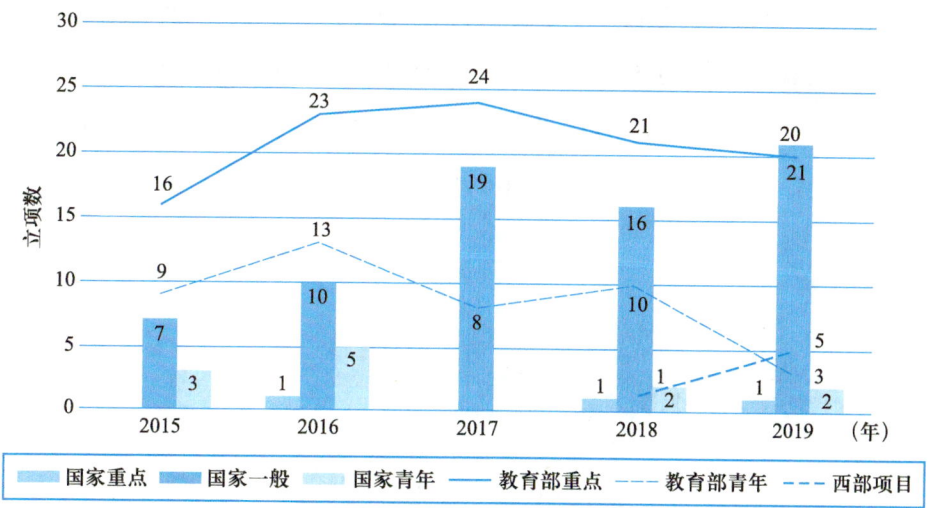

图1　全国教育科学规划职业教育领域立项课题数量（2015—2019年）

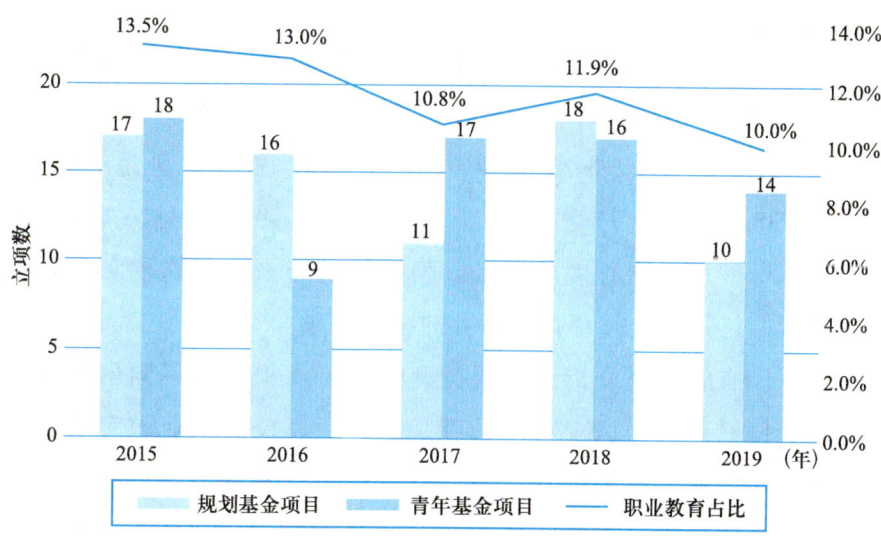

图2　教育部人文社科基金职业教育领域立项课题数量（2015—2019年）

2. 课题承担者单位类型多元化

从课题承担者的单位类型来看，2019年全国教育科学规划和教育部人文社科基金职业教育领域立项课题中职业院校和普通高校占比较高。其中，职业院校 36 项，占比 47%；普通高校 37 项，占比 49%；教育科研机构 3 项，占比 4%（见图 3）。研究单位的多样化丰富了职业教育科研的发展，也体现了职业教育人才培养的多元化。

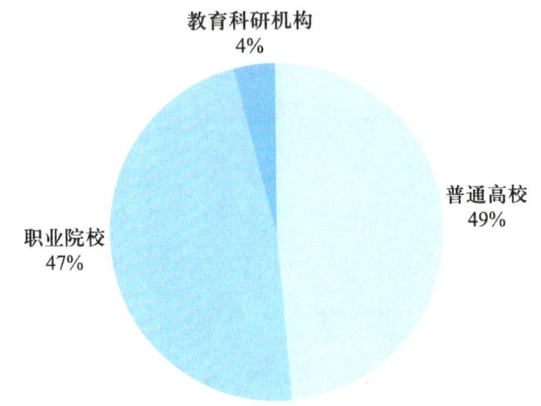

图 3　2019 年全国职业教育科研课题承担者单位类型

2015—2019 年，职业教育课题立项科研机构占比分别为 5.7%、6.5%、5.0%、10.6% 和 4.0%；普通高校占比分别为 45.7%、41.6%、57.0%、36.5% 和 49.0%；职业院校占比分别为 48.6%、51.9%、38.0%、52.9% 和 47.0%（见图 4）。从图中可见，虽然数据在不同年份呈现不同程度的波动，但是近五年来普通高校和职业院校研究者始终是职业教育科学研究的主要力量。

根据已有的研究分析，不同类型的项目承担者对不同的科研选题也有所偏好，选题呈现不同的特色。普通高校的职业教育研究立项更侧重于机制、影响因素、职业教育体系等理论方面的研究；而职业院校的职业教育研究更侧重于方法以及如何优化学生、教师发展路径，研究多基于一定的环境背景，侧重于办学、人才培养改革等中、微观层面的应用研究；教育科研机构的研究主要集中在师资队伍建设、乡村振兴、区域产教融合等方面的研究，侧重于更宏观的问题，主要从产业、社会等方面开展研究。

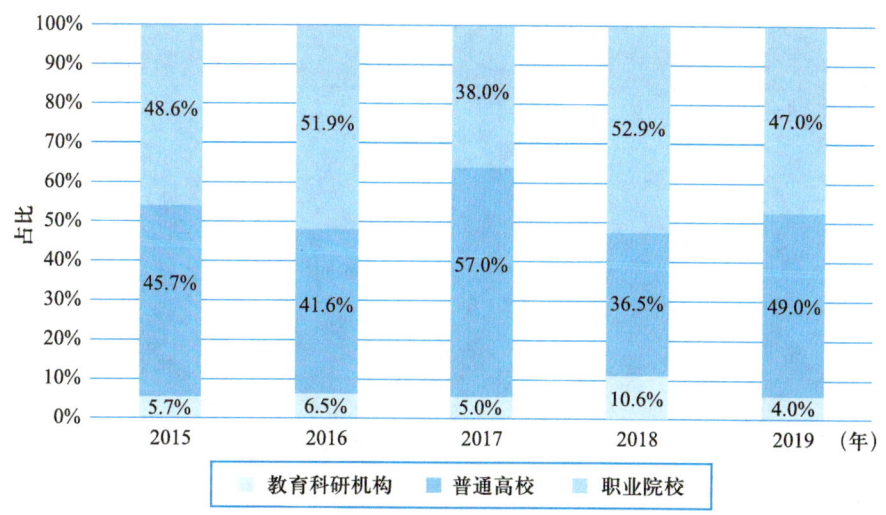

图 4　全国职业教育科研课题承担者单位类型（2015—2019 年）

3. 立项主题紧跟国家政策

2019 年职业教育立项课题的研究领域主要集中在职业教育的人才培养、服务国家战略、产教融合、职业教育体系建设、质量标准与评价体系、高等职业教育专业群建设和职业教育师资培养等方面，包含着近年来职业教育领域中的研究热点，具体的研究热点领域立项情况，如图 5 所示。

对比五年来的课题立项研究热点领域，可以发现职业教育的重点研究领域具有较强的持续性，主要集中在职业教育的体制建设、服务国家战略、质量提升、人才培养、新型职业农民培育、课程与教学改革、产教融合、现代学徒制等方面，包含着近年来职业教育领域中的研究热点。前两年的课题主要集中在应用型本科转型及院校治理结构，近两年的课题主要围绕产教融合、现代学徒制、高等职业教育专业群建设与质量标准评价体系的研究，如表 1 所示。

在课题立项主题中，多学科融合趋势愈加凸显。我国职业教育的研究视野和领域不断拓宽，研究方法更加多元，并借鉴普通教育

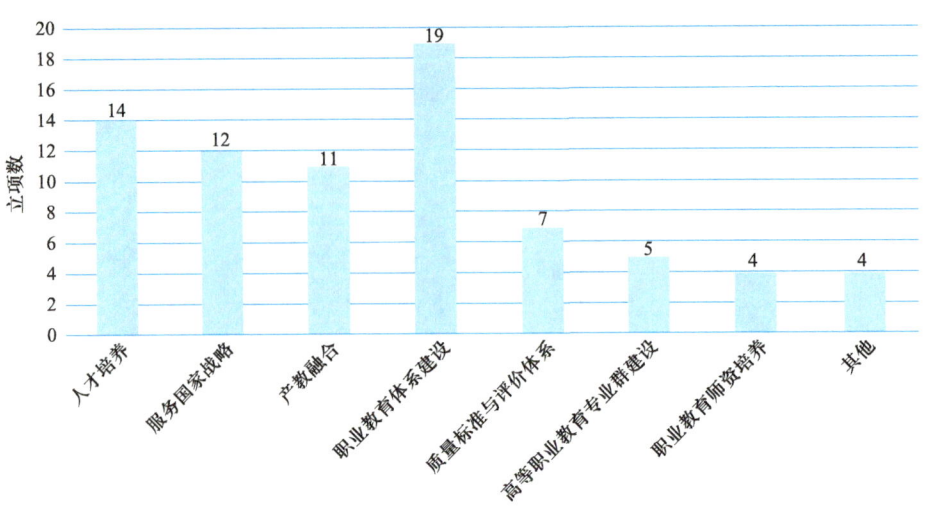

图 5 2019 年全国职业教育立项课题研究热点领域

学的学科分化，开展了多学科视野下的职业教育研究。在课题立项中，教育学视角还是占有最大的比例，相关的有职业教育体系建设、"双师型"师资培养、职业教育模式等研究；而目前诸多课题从选题的角度上开始呈现学科融合的特点，形成了以教育学为基础，管理学、经济学、社会学等多学科交叉，从不同视角对研究主题进行探析的趋势。

表 1 近五年来我国职业教育立项课题研究主要热点领域

年份	研究热点领域
2015	应用型本科转型；职业教育人才培养；现代职业教育体系建设；职业教育课程体系建设；职业教育现代治理理论
2016	应用型本科转型；职业教育人才培养；现代职业教育体系建设；新型农民职业教育；产教融合发展；院校治理结构
2017	职业教育人才培养；新型职业农民教育；产教融合发展；院校治理结构；师资队伍建设；质量标准和评价体系；现代学徒制
2018	职业教育人才培养；现代职业教育体系建设；职业教育课程体系建设；新型农民职业教育；产教融合发展；质量标准和评价体系；现代学徒制；服务国家战略

续表

年份	研究热点领域
2019	质量标准和评价体系；产教融合发展；现代职业教育体系建设；职业教育人才培养；服务国家战略；职教师资发展；现代学徒制；高等职业教育专业群建设；应用型本科高校发展

职业教育立项课题研究紧扣服务大局的主题，在不同的国家政策与战略下呈现出不同的研究热点。2015 年紧跟国家战略出现的制造强国、产业转型升级成为研究的热点，并在随后的研究中持续升温；2016 年在研究主题中出现的精准扶贫战略在 2017 年也迅速成为研究中心点；2017 年在中国制造 2025、德国工业 4.0 的背景下出现了较多的人才培养热点课题；2018 年的课题延续了"一带一路"倡议、精准扶贫等政策，也包括教学质量的提升、人才培养模式的探究、新型职业农民的培养、深化产教融合及现代学徒制如何推进的主题；2019 年作为贯彻落实《国家职业教育改革实施方案》的重要一年，研究的热点涵盖了方案提出的重点领域，既包括乡村振兴、新型职业农民培养等国家战略，又包括加快高等职业教育专业群建设、推动高等职业教育高质量发展、1+X 证书制度、完善人才培养体系、"双师型"师资发展、职业教育培训评估体系等与"职教 20 条"相关的主题，体现了职业教育积极响应国家号召、聚焦国家重大战略、推动技术技能人才培养的供给侧结构性改革和助力经济转型发展的态势。

4. 课题承担者区域分布不平衡[①]

将 2019 年的课题承担者按地区划分，华东地区立项 33 项，占 43.4%；华北地区立项 12 项，占 15.8%；华中地区立项 9 项，占

[①] 依据自然地理分区，将中国划分为七个地理区域，分别为华东地区（上海市、江苏省、浙江省、安徽省、江西省、山东省、福建省、台湾省）、华北地区（北京市、天津市、山西省、河北省、内蒙古自治区中部）、华中地区（河南省、湖北省、湖南省）、华南地区（广东省、广西壮族自治区、海南省、香港特别行政区、澳门特别行政区）、西南地区（重庆市、四川省、贵州省、云南省、西藏自治区）、西北地区（陕西省、甘肃省、青海省、宁夏回族自治区、新疆维吾尔自治区、内蒙古自治区西部阿拉善盟）及东北地区（黑龙江省、吉林省、辽宁省、内蒙古自治区东部）。

11.8%；华南地区和西南地区立项均为10项，各占13.2%；西北地区2项，占2.6%；东北地区0项（见图6）。

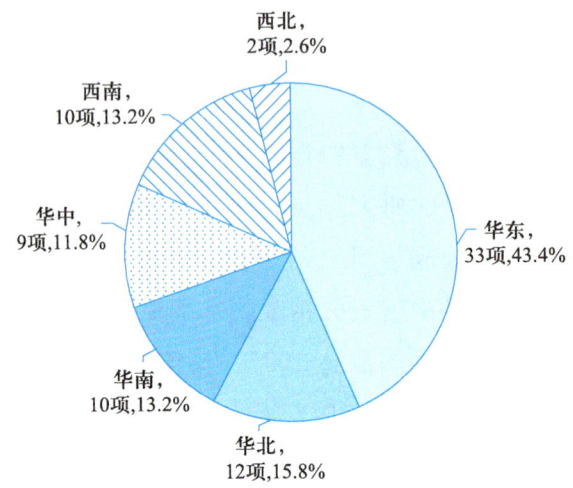

图6　2019年全国职业教育课题区域分布

近五年来，将课题承担者按地区划分，华东地区156项，占40.3%；华北地区72项，占18.6%；华中地区56项，占14.5%；华南地区44项，占11.4%；西南地区27项，占6.9%；西北地区15项，占3.9%；东北地区17项，占4.4%（见图7），每年具体的课题地区分布，如表2所示。华东地区的职业教育立项课题数量占了将近一半的比例，而西北地区和东北地区职业教育立项课题的数量占比则很小。

表2　全国职业教育课题地区分布情况统计表（2015—2019年）

	2015年	2016年	2017年	2018年	2019年	总计
华东地区	26	26	38	33	33	156
华北地区	16	20	9	15	12	72
华中地区	10	11	17	9	9	56
华南地区	7	7	8	12	10	44
西南地区	2	6	2	7	10	27

续表

	2015 年	2016 年	2017 年	2018 年	2019 年	总计
西北地区	5	2	2	4	2	15
东北地区	4	5	3	5	0	17
总计	70	77	79	85	76	387

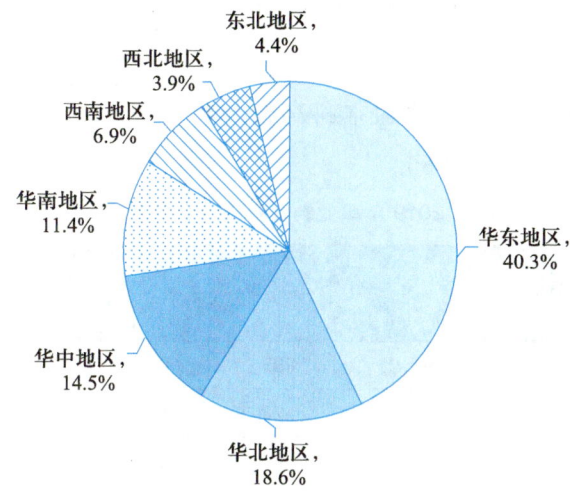

图 7 全国职业教育课题区域分布（2015—2019 年）

在经济较发达的华东、华北以及华中地区，职业教育立项课题的数量占据着很大的优势，区域的经济发展程度与职业教育发展水平是开展职业教育科研必不可少的两个条件，如浙江省、江苏省、天津市是职业教育课题立项的主要省份，充足的科研资源助推了职业教育的发展。

（二）2019 年职业教育科研论文发表情况

基于中国知网（以下简称"CNKI"）期刊数据库，聚焦"职业教育"主题，针对 2019 年（检索日期为 2018 年 10 月 30 日至 2019 年 10 月 30 日）职业教育科研论文在北大核心期刊与中文社会科学引文索引（以下简称"CSSCI"）期刊中的发表情况进行统计，可以看出普通本科高校、职业院校（含高职、中职）、科研机构[①]各有特点。

1. 各类机构科研论文比重基本稳定

通过表 3 可以看出，2019 年，职业院校在全部期刊、北大核心期刊、CSSCI 期刊中的论文比重分别为 93.03%、60.11%、43.36%，普通本科高校在全部期刊、北大核心期刊、CSSCI 期刊中的论文比重分别为 6.51%、35.74%、52.80%，科研机构在全部期刊、北大核心期刊、CSSCI 期刊中的论文比重为 0.45%、4.15%、3.85%。2015 年至 2019 年，职业院校、普通本科高校与科研机构的科研论文比重基本保持稳定态势（见图 8）。

表 3　2019 年职业教育科研论文发表情况

类别	全部期刊		北大核心期刊		CSSCI 期刊	
	数量（篇）	比重（%）	数量（篇）	比重（%）	数量（篇）	比重（%）
职业院校	41 941	93.03	883	60.11	124	43.36
普通本科高校	2 936	6.51	525	35.74	151	52.80
科研机构	205	0.45	61	4.15	11	3.85
总计	45 082	100.00	1 469	100.00	286	100.00

注：检索日期为 2018 年 10 月 30 日至 2019 年 10 月 30 日。

2. 普通本科高校论文发表情况

在普通本科高校中，2019 年北大核心期刊论文发表数量较多的依次为天津大学、华东师范大学、天津职业技术师范大学、江苏理工学院、同济大学，如表 4 所示；CSSCI 期刊论文发表数量较多的依次为天津大学、华东师范大学、北京师范大学、厦门大学、江苏理工学院，如表 5 所示。

普通本科高校的相关研究涉及范围广，跨界属性明显。既包括中等职业教育、高等职业教育的研究，也包括应用型本科的研究；既有微观层面职业院校的研究，又有关于国家宏观政策的研究；经济学、社会学等跨学科的研究逐渐增加。

---

① 本综述所指的科研机构是各级各类教育主管部门独立设置的职业教育研究机构。

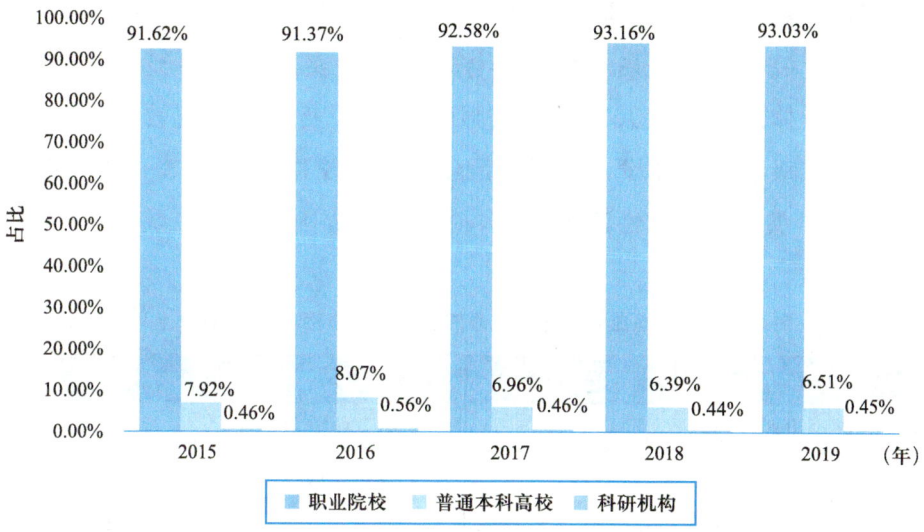

图 8　职业教育科研论文在不同机构的比重分布（2015—2019 年）

表 4　2019 年普通本科高校北大核心期刊论文发表数量前 5 位院校

作者单位	发文数量（篇）	作者单位	发文数量（篇）
天津大学	48	华东师范大学	42
天津职业技术师范大学	25	江苏理工学院	22
同济大学	13		

注：检索日期为 2018 年 10 月 30 日至 2019 年 10 月 30 日。

表 5　2019 年普通本科高校 CSSCI 期刊论文发表数量前 5 位院校

作者单位	发文数量（篇）	作者单位	发文数量（篇）
天津大学	25	华东师范大学	20
北京师范大学	6	厦门大学	5
江苏理工学院	5		

注：检索日期为 2018 年 10 月 30 日至 2019 年 10 月 30 日。

3. 职业院校论文发表情况

在职业院校中，2019 年北大核心期刊论文发表数量较多的依次为浙江金融职业学院、金华职业技术学院、天津职业大学等，如表 6 所示；CSSCI 期刊论文发表数量较多的依次为浙江金融职业学院、金华职业技术学院、顺德职业技术学院等，如表 7 所示。

职业院校的研究内容更为具体，多涉及实践层面的经验总结或理论的具体应用，实践性强是其显著特点。表现在专业教学、混合所有制二级学院的建设、师资队伍建设、学校建设以及"一带一路"倡议和"供给侧结构性改革""乡村振兴"等国家战略在院校层面的实践探索。

表 6　2019 年职业院校北大核心期刊论文发表情况（10 篇以上）

作者单位	发文数量（篇）	作者单位	发文数量（篇）
浙江金融职业学院	22	金华职业技术学院	18
天津职业大学	14	宁波职业技术学院 深圳职业技术学院	12
无锡职业技术学院	11	杭州职业技术学院 江苏农牧科技职业学院 无锡商业职业技术学院 长春职业技术学院 重庆城市管理职业学院	10

注：检索日期为 2018 年 10 月 30 日至 2019 年 10 月 30 日。

表 7　2019 年职业院校 CSSCI 期刊论文发表情况（3 篇以上）

作者单位	发文数量（篇）	作者单位	发文数量（篇）
浙江金融职业学院	8	金华职业技术学院	8
顺德职业技术学院	3	西安航空职业技术学院	3
浙江经贸职业技术学院	3		

注：检索日期为 2018 年 10 月 30 日至 2019 年 10 月 30 日。

4. 科研机构论文发表情况

在科研机构中，2019 年北大核心期刊论文发表数量较多的依次为教育部职业技术教育中心研究所（17 篇）、上海市教育科学研究院（6 篇）、北京教育科学研究院（5 篇）。科研机构的研究论文中宏观性、区域性是其显著特征，更加注重区域性的职业教育统筹，注重职业教育政策的研究，其研究范围涉及中等职业教育与高等职业教育领域。

二、2019年全国高职院校科研成果数据分析

我国职业教育正面临着前所未有的发展机遇,《国家职业教育改革实施方案》把职业教育明确为一种类型教育,与普通教育同等重要。高职院校不属于研究型大学,但科研同样重要,职业教育科研体现职业教育的类型特征,是职业教育作为类型的重要表现。从研究内容上看,高职院校科研主要包括"人""职业""教育""社会"四个部分:一是围绕职业教育这种教育类型的规律探索,主要体现为高等职业教育理论研究;二是围绕职业教育类型人才培养进行的教育教学研究;三是关于产业、行业、职业发展的研究,主要体现为学科专业的科学研究;四是服务地方经济和社会发展开展技术应用和成果转化的研究。职业教育科研是提高教育质量、增强服务功能的必由之路,在高职院校发展过程中发挥着越来越重要的作用:一是职业院校科学发展的重要支撑,从管理走向治理,科学定位学校,规划发展需要科研支撑;二是职业教育科研是教师专业发展的必经之路;三是职业教育科研是提升院校吸引力,提升院校服务能力的重要途径。

目前我国高职院校的科研总体情况如何?应该从哪些角度去观察我国职业院校的科研?从前期的研究看,一是对职业教育科研尤其是整体情况呈现的实证研究相对较少;二是对职业教育科研的研究还存在概念混淆的情况;三是存在数据获取比较困难和现实难以评价的问题。如,职业院校科研要服务企业、重视科研成果转化,横向课题技术服务的相关准确数据获取很难。

本报告尝试从中国知网(CNKI)公开数据的角度观察我国高职院校[①]科研的现状,统计分析了全国高职院校 2018 年 10 月 30 日至

[①] 高职院校的统计对象为教育部网站公布的 2019 年全国高等学校名单中办学层次为"专科"的 1 423 所学校。教育部批准的全国首批 15 所职业本科试点学校办学层次为"本科",故不在统计之列。

2019年10月30日期间公开发表的论文数据和申请的专利数据。以文献计量学方法为基础，以中国知网（CNKI）的《中国学术期刊》（网络版）和《中国专利全文数据库》（知网版）为数据源，在完成数据采集、数据清洗、数据筛选、数据规范和数据标引的基础上，运用数据挖掘、可视化分析、词频分析、知识图谱、共词分析、关键词聚类等方法，通过对发文量、区域分布、基金分布、各类专利数量等进行分析，发掘其主要特征，以期为全国高职院校了解全局和自身所处位置提供参照。

需要特别说明的，一是数量多少不能完全代表质量和贡献，然而在目前的发展阶段，量化仍然是观察科研成果，尤其是高职院校科研成果的一个角度。二是本文的目的是希望从数据角度呈现目前我国高职院校科研的总体情况，主要聚焦于区间值，为高职院校在科研成果的数量上提供参照系，了解本校科研成果从数量上在全国高职院校中所处的区位。三是呈现数据会出现具体的学校名称，并出现顺序，但是这些只是我们整体观察职业院校科研发展情况的一个角度。因为，从技术层面上，由于部分文献的单位名称和基金名称书写混乱，后期虽然采用机器标引和人工编辑两种方式进行名称规范，但是由于文献数据量相对较大，难免出现疏漏和错误，因而在分析时难免会产生偏差。同时，本报告研究选取的时间段为一年，这么短的时间段检索出来的成果，并不能完全代表一所院校真正的科研实力。

（一）学术论文

学术论文是学术评价的重要指标之一。院校的学术论文数量可以反映科研的活跃度，在权威期刊上发文数量可以在一定程度上反映院校的科研实力。从发文总数、在各类权威期刊上发文数等维度观察全国高职院校的科研情况，总体情况如下。

1. 连续 7 年六成以上高职院校发文数在均值以下，合作成果占比不高，高职院校科研积极性有待提高

2019 年，高职院校在 CNKI 收录期刊发文数量为 120 828 篇，校均发文数 85 篇。均值以上院校 539 所，占 38%；均值以下（含 85 篇）院校 884 所，占比 62%（其中 78 所院校发文量为 0，占高职院校总数 5%）（见图 9）。2018 年，高职院校发文数均值以上院校占 39%，均值以下占比 61%（55 所高职院校发文数为 0，占比 4%）；2013—2017 年发文数均值以上院校占 38%，均值以下院校占比 62%（42 所高职院校发文数为 0，占比 3%）。综合 7 年的数据，我国高职院校论文成果总数及发文数量的区间分布基本平稳。六成以上高职院校发文数低于平均数，进行科研的积极性有待提高。

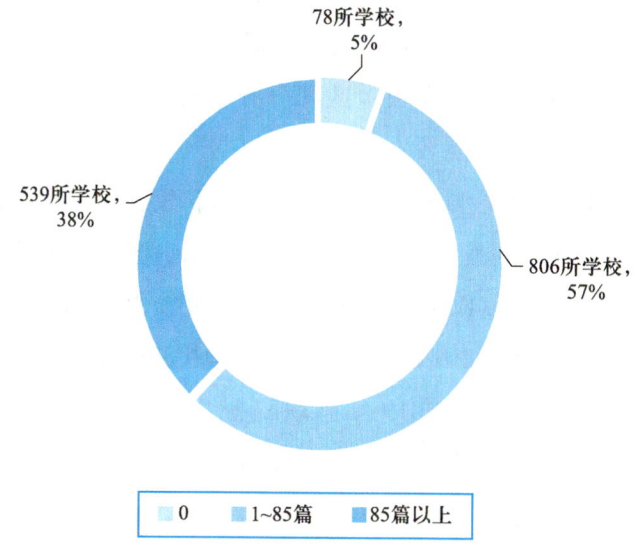

图 9　2019 年全国高职院校 CNKI 全部期刊论文发表数量分布

职业教育具有跨界的特征，高职院校服务地方经济和社会发展，在与企业、行业合作中培养学生，与经济社会的广泛联系，体现在科研成果上为合作成果。2019 年，高职院校的合作论文成果为 19 464 篇，约占总发文量的 16%。其中，校校合作的论文为 14 334 篇，院校与企业合作的论文为 3 226 篇，院校与科研机构合作的论文为 1 904 篇（见图 10）。总体而言，高职院校的合作研究、横向科研还需加强。

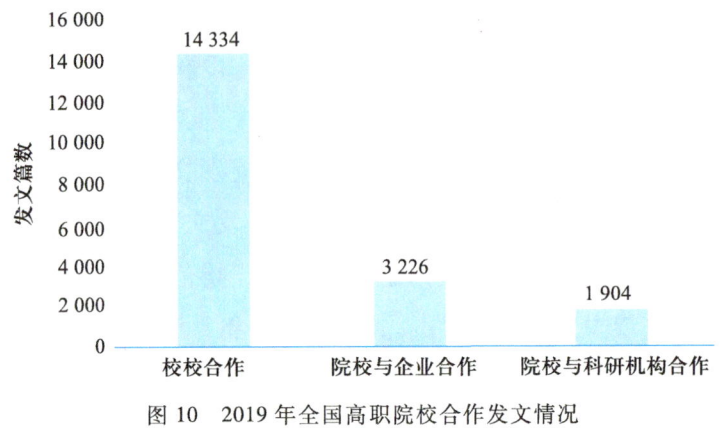

图 10　2019 年全国高职院校合作发文情况

2. 高水平论文数量与高水平院校呈正相关，优秀的职业院校普遍重视科研，科研推动了优秀院校的发展

（1）各类核心期刊发文数量区间分布情况

2019 年，全国高职院校在 CNKI 收录期刊发表的 120 828 篇论文中，北大核心期刊发文 11 017 篇，CSSCI 期刊发文 1 294 篇，EI 期刊发文 340 篇，SCI 期刊发文 13 篇，如表 8 所示。其中，在北大核心期刊校均发文 8 篇，均值以上院校 421 所，占院校总数的 30%；均值以下（含 8 篇）院校 1 002 所，占比 70%，其中 399 所院校发文量为 0，占高职院校总数的 28%。2019 年高职院校北大核心期刊论文发表数量前 10 位院校，如表 9 所示。在 CSSCI 期刊共计发文 1 294 篇，校均发文约 1 篇，均值以上院校 477 所，占院校总数的 34%，2019 年高职院校 CSSCI 期刊论文发表数量前 10 位院校，如表 10 所示。在 EI 期刊发文的高职院校 196 所，发文数量为 340 篇，2019 年高职院校 EI 期刊论文发表数量前 3 位院校，如表 11 所示。

表 8　2019 年高职院校各类核心期刊论文发表数

期刊类型	全部期刊	北大核心期刊	CSSCI 期刊	EI 期刊	SCI 期刊
论文篇数	120 828	11 017	1 294	340	13

表9 2019年高职院校北大核心期刊论文发表数量前10位院校

序号	学校名称	论文篇数
1	江苏农牧科技职业学院	102
2	无锡职业技术学院	88
3	重庆电子工程职业学院	84
4	深圳职业技术学院	82
5	重庆工程职业技术学院	80
6	重庆工业职业技术学院	68
7	浙江金融职业学院	63
8	常州机电职业技术学院	62
9	金华职业技术学院；南阳医学高等专科学校	60
10	常州工程职业技术学院；广东轻工职业技术学院	55

表10 2019年高职院校CSSCI论文发表数量前10位院校

序号	学校名称	论文篇数
1	浙江金融职业学院	30
2	深圳职业技术学院	27
3	北京青年政治学院；无锡职业技术学院	18
4	广东轻工职业技术学院	15
5	广东农工商职业技术学院；金华职业技术学院	13
6	广东机电职业技术学院；桂林师范高等专科学校；江苏经贸职业技术学院；南京工业职业技术学院；宁波职业技术学院；上海出版印刷高等专科学校	12
7	湖南大众传媒职业技术学院；山东外贸职业学院	10
8	河北政法职业学院；江西外语外贸职业学院；深圳信息职业技术学院；顺德职业技术学院；重庆电子工程职业学院	9
9	广州番禺职业技术学院；湖南工业职业技术学院；南京旅游职业学院；内蒙古建筑职业技术学院；无锡商业职业技术学院；武汉职业技术学院；信阳职业技术学院；长春汽车工业高等专科学校；重庆城市管理职业学院	8

续表

序号	学校名称	论文篇数
10	内蒙古商贸职业学院；扬州工业职业技术学院；浙江经贸职业技术学院；浙江旅游职业学院；重庆工业职业技术学院；重庆青年职业技术学院	7

表11　2019年高职院校EI期刊论文发表数量前3位院校

序号	学校名称	论文篇数
1	深圳职业技术学院	9
2	成都航空职业技术学院；河北交通职业技术学院；宁波职业技术学院；重庆工程职业技术学院	6
3	常州信息职业技术学院；杭州职业技术学院；衢州职业技术学院；山东理工职业学院	5

（2）各类核心期刊发文数排前列的院校中，示范和骨干院校占比高

对高职院校在各核心期刊发文情况进一步分析显示，示范校、骨干校在各类核心期刊总发文量占比均超过1/3，尤其在EI和SCI核心期刊中，示范和骨干院校占比分别达到49%和69%，如表12所示。区域分析也显示，各省论文发文总数排名第一的院校中，65%为示范校或骨干校，如表13所示。可以看出，科研的活跃度、科研实力与高职院校实力呈现明显的正相关。职业教育内涵建设不断深入，科学研究在高职院校发展中发挥着越来越重要的作用，越来越多的高职院校重视科研工作，发挥科研为院校发展决策的服务作用、专业竞争实力提升作用以及提高教学质量、提升人才培养质量的作用。这也是对认为高职院校是教学型院校不需要科研的观念的一个侧面回答：高职院校不仅需要科研，还应该高度重视科研。

表12　示范校和骨干校在各类核心期刊发文篇数及占比

学校类型	北大核心期刊	CSSCI期刊	EI期刊	SCI期刊
国家示范	2 071	283	100	6
国家骨干	1 699	191	65	3
全部院校	11 017	1 294	340	13

续表

学校类型	北大核心期刊	CSSCI 期刊	EI 期刊	SCI 期刊
国家示范占比	19%	22%	29%	46%
国家骨干占比	15%	15%	19%	23%
示范+骨干占比	34%	37%	49%	69%

表13　2019年各省高职院校全部发文量排名第一的院校

序号	省份	学校名称	全部论文篇数	学校类型
1	湖南	湖南工艺美术职业学院	859	国家骨干
2	陕西	陕西国防工业职业技术学院	663	国家骨干
3	河南	三门峡职业技术学院	612	
4	江苏	江苏联合职业技术学院	549	
5	湖北	武汉职业技术学院	450	国家示范
6	广东	深圳职业技术学院	405	国家示范
7	黑龙江	哈尔滨职业技术学院	393	国家骨干
8	贵州	铜仁职业技术学院	340	国家骨干
9	浙江	金华职业技术学院	329	国家示范
10	重庆	重庆财经职业学院	322	
11	北京	北京农业职业学院	310	国家示例
12	甘肃	陇南师范高等专科学校	296	
13	吉林	长春职业技术学院	286	国家示范
14	广西	桂林师范高等专科学校	281	
15	江西	江西环境工程职业学院	275	
16	安徽	滁州职业技术学院	274	
17	河北	承德石油高等专科学校	274	国家示范
18	天津	天津商务职业学院	266	
19	福建	福建船政交通职业学院	265	国家示范
20	山东	菏泽医学专科学校	252	
21	四川	四川城市职业学院	249	

续表

序号	省份	学校名称	全部论文篇数	学校类型
22	云南	昆明冶金高等专科学校	209	国家示范
23	内蒙古	呼和浩特职业学院	188	
24	宁夏	宁夏工商职业技术学院	183	国家骨干
25	海南	海南经贸职业技术学院	169	国家骨干
26	辽宁	辽宁省交通高等专科学校	162	国家示范
27	上海	上海出版印刷高等专科学校	153	国家骨干
28	山西	山西职业技术学院	150	国家骨干
29	西藏	西藏职业技术学院	111	国家示范
30	新疆	新疆石河子职业技术学院	108	国家示范
31	青海	青海交通职业技术学院	77	国家骨干

3. 论文成果区域分布不平衡，东部地区省份高职院校科研竞争力强

数据显示，在全部期刊、北大核心期刊、CSSCI、EI发文数量排序中，江苏、广东、浙江都进入前五，尤其江苏，4项数据全部排名第一，如表14所示。总体而言，沿海经济发达省份高职院校的科研竞争力较强。

表14 各类期刊发文的省域排名前5名

名次	全部期刊	北大核心期刊	CSSCI期刊	EI期刊
1	江苏	江苏	江苏	江苏
2	广东	河南	广东	浙江
3	湖南	广东	浙江	广东
4	河南	浙江	重庆	河北
5	浙江	重庆	河南	河南

4. 从内容上看，部分高职院校有非常鲜明的研究侧重，体现出专业实力

高职院校的论文成果内容分为教育教学类研究和专业类研究。

本报告对收入 CNKI 中，中图分类号为"G71 职业技术教育"的教育教学类研究论文进行了分析。

（1）高职院校是职教教育教学类论文的研究主力，部分院校着力于职业教育的规律研究，成绩突出

数据显示，就教育教学类论文成果而言，与其他的研究机构相比，高职院校是主力军。高职院校在全部期刊、北大核心期刊、CSSCI 期刊中的教育教学类论文比重分别达到 93.0%、60.0%、43.2%，如表 15 所示。2019 年，在北大核心期刊教育教学类论文发表数量较多的高职院校依次为浙江金融职业学院、无锡职业技术学院、重庆工业职业技术学院等，如表 16 所示；CSSCI 期刊教育教学类论文发表数量较多的高职院校依次为浙江金融职业学院、金华职业技术学院和宁波职业技术学院等，如表 17 所示。

表 15 2019 年职教教育教学类论文各类机构发表情况

类别	全部期刊		北大核心期刊		CSSCI 期刊	
	篇数	比重	篇数	比重	篇数	比重
高职院校	41 941	93.0%	883	60.0%	123	43.2%
普通本科高校	2 936	6.5%	525	35.7%	151	53.0%
科研机构	205	0.5%	63	1.3%	11	3.9%
总计	45 082	100%	1 471	100%	285	100%

表 16 2019 年高职院校在北大核心期刊发表教育教学类论文数量排名前 10 位院校

作者单位	发文篇数	作者单位	发文篇数
浙江金融职业学院	37	南京工业职业技术学院	23
无锡职业技术学院	34	宁波职业技术学院	23
重庆工业职业技术学院	30	重庆电子工程职业学院	21
金华职业技术学院	28	深圳职业技术学院	20
常州机电职业技术学院	26	重庆城市管理职业学院	20
东莞职业技术学院	25		

表17 2019年高职院校在CSSCI期刊发表教育教学类论文数量排名前10位院校

作者单位	发文篇数	作者单位	发文篇数
浙江金融职业学院	13	广东轻工职业技术学院	8
金华职业技术学院	13	顺德职业技术学院	7
宁波职业技术学院	10	武汉职业技术学院	7
上海出版印刷高等专科学校	9	长春汽车工业高等专科学校	7
深圳职业技术学院	9	重庆工业职业技术学院	7
无锡职业技术学院	9		

（2）专业类研究中行业背景的院校优势明显

目前，我国高职教育有19个专业大类，99个专业类，覆盖了国民经济所有的产业和行业。对专业的研究是职业院校科研的重要内容。专业研究的活跃度与核心期刊的发文量可以从一个侧面体现院校在某一专业上的竞争力。我们依据《中文核心期刊要目总览》（2017年版）的期刊分类，检索全国高职院校在11个学科核心期刊上的载文数量，如表18所示。数据显示，分学科核心期刊发文统计中有行业背景院校发文优势明显。尤其是医药卫生类、经济类等，显现了在专业领域里的科研实力。经济、医药卫生、农业、机械、电子、计算机、化工、轻工、建筑、水利、交通类核心期刊2019年全国高职院校的论文发表情况，如表19～表29所示。

表18 北大核心期刊11个学科大类期刊高职院校载文量及占比

序号	学科	统计范围		期刊种数	统计周期载文量（篇）	高职院校发文量（篇）	占比
		学科门类	学科				
1	经济	第二编 经济	财政、工业经济/邮电通信经济（含企业经济，除旅游经济）、会计（除审计）、货币/金融、银行/保险、经济学/中国经济/经济管理（除会计、企业经济）、旅游经济、贸易经济、农业经济、审计、世界经济、综合性经济科学	155	27 443	884	3%

续表

序号	学科	统计范围		期刊种数	统计周期载文量（篇）	高职院校发文量（篇）	占比
		学科门类	学科				
2	医药卫生	第五编 医药、卫生	儿科学、耳鼻咽喉科学、妇产科学、基础医学、口腔科学、临床医学、内科学、皮肤病学与性病学、神经病学与精神病学、特种医学、外科学、眼科学、药学、预防医学、卫生学、中国医学、肿瘤学、综合性医药卫生	255	62 902	819	1%
3	农业	第六编 农业科学	草地学、草原学、畜牧、动物医学、狩猎、蚕、蜂、林业、农学/农作物、农业工程、农业基础科学、水产/渔业、园艺、植物保护、综合性农业科学	131	32 308	1 129	3%
4	机械	第七编 工业技术	机械、仪表工业	28	8 962	516	6%
5	电子		电工技术、无线电电子学、电信技术	75	19 876	359	2%
6	计算机		计算机网络、安全保密、自动化技术、计算机技术（除计算机网络、安全保密）	33	12 910	205	2%
7	化工		化学工业（除基本无机化学工业/其他化学工业）、基本无机化学工业/硅酸盐工业、基本有机化学工业/精细与专用化学品工业、其他化学工业	47	12 192	488	4%
8	轻工		纺织工业、染整工业、其他轻工业、手工业/生活服务技术、综合性轻工业、手工业、生活服务业	13	3 269	286	9%
9	建筑		建筑科学	33	9 225	181	2%
10	水利		水利工程	16	4 392	105	2%
11	交通		公路运输、航空、航天、水路运输、铁路运输、综合运输	57	13 131	705	5%

表19 2019年高职院校在经济类北大核心期刊中的载文数前10位院校

序号	学校名称	论文篇数
1	河南经贸职业学院	26
2	苏州经贸职业技术学院	18
3	重庆财经职业学院	13
4	广西职业技术学院	12
5	重庆电子工程职业学院	12
6	江苏经贸职业技术学院	10
7	广州番禺职业技术学院	9
8	河北能源职业技术学院	9
9	河南工业贸易职业学院	8
10	信阳职业技术学院	8

表20 2019年高职院校在医药卫生类北大核心期刊中的载文数前10位院校

序号	学校名称	论文篇数
1	南阳医学高等专科学校	53
2	漯河医学高等专科学校	25
3	泉州医学高等专科学校	25
4	浙江医药高等专科学校	21
5	重庆医药高等专科学校	21
6	沧州医学高等专科学校	18
7	河南医学高等专科学校	18
8	江苏医药职业学院	18
9	长春医学高等专科学校	17
10	遵义医药高等专科学校	15

表21 2019年高职院校在农业类北大核心期刊中的载文数前10位院校

序号	学校名称	论文篇数
1	江苏农牧科技职业学院	77
2	山东畜牧兽医职业学院	32

续表

序号	学校名称	论文篇数
3	江苏农林职业技术学院	27
4	重庆三峡职业学院	26
5	北京农业职业学院	25
6	河南农业职业学院	20
7	广西农业职业技术学院	17
8	金华职业技术学院	17
9	杨凌职业技术学院	17
10	成都农业科技职业学院	15

表22 2019年高职院校在机械类北大核心期刊中的载文数前10位院校

序号	学校名称	论文篇数
1	四川工程职业技术学院	16
2	重庆工程职业技术学院	10
3	重庆电子工程职业学院	9
4	长春职业技术学院	8
5	北京电子科技职业学院	7
6	常州机电职业技术学院	7
7	杭州职业技术学院	7
8	衢州职业技术学院	6
9	四川建筑职业技术学院	6
10	无锡职业技术学院	6

表23 2019年高职院校在电子类北大核心期刊中的载文数前10位院校

序号	学校名称	论文篇数
1	南京信息职业技术学院	12
2	重庆电子工程职业学院	7
3	江苏信息职业技术学院	5
4	徐州工业职业技术学院	5

续表

序号	学校名称	论文篇数
5	巴音郭楞职业技术学院	4
6	常州机电职业技术学院	4
7	常州信息职业技术学院	4
8	嘉兴职业技术学院	4
9	四川职业技术学院	4
10	泰州职业技术学院	4

表24 2019年高职院校在计算机类北大核心期刊中的载文数前10位院校

序号	学校名称	论文篇数
1	重庆电子工程职业学院	5
2	广东交通职业技术学院	4
3	江苏联合职业技术学院	4
4	南京信息职业技术学院	4
5	四川建筑职业技术学院	4
6	浙江工业职业技术学院	4
7	东莞职业技术学院	3
8	佛山职业技术学院	3
9	湖南科技职业学院	3
10	江苏海事职业技术学院	3

表25 2019年高职院校在化工类北大核心期刊中的载文数前10位院校

序号	学校名称	论文篇数
1	中山火炬职业技术学院	13
2	常州工程职业技术学院	8
3	四川化工职业技术学院	8
4	浙江工商职业技术学院	8
5	常州工业职业技术学院	6
6	广东轻工职业技术学院	6

续表

序号	学校名称	论文篇数
7	湖南财经工业职业技术学院	6
8	黎明职业大学	6
9	柳州城市职业学院	6
10	柳州职业技术学院	6

表26　2019年高职院校在轻工类北大核心期刊中的载文数前10位院校

序号	学校名称	论文篇数
1	江苏工程职业技术学院	22
2	盐城工业职业技术学院	19
3	浙江纺织服装职业技术学院	14
4	苏州经贸职业技术学院	11
5	浙江工业职业技术学院	10
6	常州纺织服装职业技术学院	8
7	广东创新科技职业学院	6
8	江苏旅游职业学院	6
9	辽宁轻工职业学院	6
10	东莞职业技术学院	5

表27　2019年高职院校在建筑类北大核心期刊中的载文数前10位院校

序号	学校名称	论文篇数
1	内蒙古建筑职业技术学院	8
2	浙江建设职业技术学院	7
3	辽宁省交通高等专科学校	6
4	河南水利与环境职业学院	5
5	金华职业技术学院	5
6	嘉兴职业技术学院	4
7	内蒙古交通职业技术学院	4
8	深圳职业技术学院	4

续表

序号	学校名称	论文篇数
9	湖南城建职业技术学院	3
10	九州职业技术学院	3

表28　2019年高职院校在水利类北大核心期刊中的载文数前10位院校

序号	学校名称	论文篇数
1	杨凌职业技术学院	8
2	黄河水利职业技术学院	7
3	重庆水利电力职业技术学院	5
4	四川建筑职业技术学院	4
5	浙江同济科技职业学院	4
6	广西理工职业技术学院	3
7	南京交通职业技术学院	3
8	陕西铁路工程职业技术学院	3
9	广东轻工职业技术学院	2
10	广东水利电力职业技术学院	2

表29　2019年高职院校在交通类北大核心期刊中的载文数前10位院校

序号	学校名称	论文篇数
1	无锡职业技术学院	12
2	烟台职业学院	12
3	淄博职业学院	12
4	四川交通职业技术学院	11
5	重庆科创职业学院	11
6	河北交通职业技术学院	10
7	河北机电职业技术学院	9
8	淮安信息职业技术学院	9
9	青岛远洋船员职业学院	9
10	渤海船舶职业学院	8

（二）课题项目

课题分为纵向课题与横向课题。纵向课题更侧重于基础研究、理论研究。从职业教育的定位来看，与企业合作，帮助企业解决技术问题的横向课题更应该是职业院校课题的重点。但是，目前横向课题的数据采集难度较大，又由于高职院校专业覆盖面广，不同的行业有不同特色，一些横向课题意义并不能仅从数量、经费上进行分析。本报告在可以采集到的 CNKI 数据范围内，对高职院校 2019 年部分课题的承担情况进行分析。

1. 高职院校是承担国家级职业教育学科研究的重要力量

2019 年，全国教育科学"十三五"规划课题共立项 521 项，其中职业教育科研立项 52 项；教育部人文社会科学研究一般项目共立项 3 675 项，教育学门类下为 240 项，职业教育科研立项 24 项。两项职业教育科研立项共计 76 项。这 76 项中，职业院校 36 项，占比 47%。回溯前五年，职业院校的此比例一直稳定，2015—2019 年，职业教育课题立项职业院校占比分别为 48.6%、51.9%、30.8%、52.9%和 47%。

2. 在研课题发表数据显示，高职院校在国家重大课题中虽然占比仍较小，但总体呈现出较大增幅

将基金项目按以下标准进行分类，如表 30 所示，对全国高职院校 2019 年发表的论文成果的"基金"字段值进行分析，结果显示，42 所院校有一类课题成果发表，如表 31 所示，430 所院校有二类课题成果发表。高职院校在课题成果发表总量占比上虽然不高，但是从以往研究数据来看，高职院校参与和主持国家重大课题的数量有大幅上升。2019 年，自然科学一类二类基金项目成果发表数名列前茅的高职院校有无锡职业技术学院、广州番禺职业技术学院、深圳职业技术学院等，如表 32 所示。社会科学一类二类基金项目成果发表数名列前茅的高职院校有浙江金融职业学院、无锡

职业技术学院、陇南师范高等专科学校、长沙民政职业技术学院等，如表 33 所示。

表 30　基金项目统计分类

类型	学科	基金名称
一类： 以"国家自然科学基金重点项目""国家社科基金重点项目"为标杆的科研课题	自然科学类	国家自然科学基金重点项目、国家自然科学基金重大项目、国家自然科学基金重大研究计划项目、国家杰出青年科学基金、高等学校全国优秀博士学位论文作者专项资金、863 计划课题、973 课题、国家科技支撑计划课题
	社会科学类	国家社科基金重点项目、国家软科学研究计划重大项目、高等学校全国优秀博士学位论文作者专项资金
二类： 以"国家自然科学基金项目""国家社科基金项目"为标杆的科研课题	自然科学类	国家自然科学基金项目、国家自然科学基金委员会科学部主任基金、国家自然科学基金专项项目、霍英东教育基金会高等院校青年教师基金、高等学校博士学科点专项科研基金、教育部新世纪优秀人才支持计划国家政策引导类科技计划（星火计划、农业科技成果转化资金支持项目、火炬计划、国家重点新产品计划、国际科技合作计划）
	社会科学类	国家社科基金项目、国家软科学研究计划项目、霍英东教育基金会高等院校青年教师基金、教育部新世纪优秀人才支持计划、教育部哲学社会科学研究重大课题攻关项目、国家政策引导类科技计划（国家软科学研究计划）

表31 2019年有一类基金项目成果发表的高职院校

学校名称	自然科学类	社会科学类	合计
浙江金融职业学院		4	4
陕西警官职业学院		4	4
无锡职业技术学院		2	2
浙江经济职业技术学院		2	2
重庆能源职业学院	2		2
长沙民政职业技术学院		1	1
广东环境保护工程职业学院	1		1
山东外贸职业学院		1	1
无锡商业职业技术学院		1	1
江苏经贸职业技术学院		1	1
长沙航空职业技术学院		1	1
重庆电子工程职业学院		1	1
三门峡职业技术学院		1	1
重庆城市管理职业学院		1	1
河南医学高等专科学校	1		1
无锡工艺职业技术学院		1	1
扬州市职业大学		1	1
山西金融职业学院		1	1
广东科贸职业学院		1	1
广州城市职业学院		1	1
顺德职业技术学院		1	1
天津现代职业技术学院		1	1
河南建筑职业技术学院	1		1
河南农业职业学院	1		1
四川中医药高等专科学校	1		1
郑州职业技术学院	1		1
成都职业技术学院		1	1
东莞职业技术学院		1	1

续表

学校名称	自然科学类	社会科学类	合计
贵阳幼儿师范高等专科学校		1	1
连云港师范高等专科学校		1	1
宁波卫生职业技术学院		1	1
三明医学科技职业学院		1	1
四川工程职业技术学院		1	1
天津轻工职业技术学院		1	1
漳州城市职业学院		1	1
重庆城市职业学院		1	1
安徽粮食工程职业学院	1		1
广东水利电力职业技术学院	1		1
兰州石化职业技术学院	1		1
苏州工业园区服务外包职业学院	1		1
潍坊职业学院	1		1
邢台职业技术学院	1		1

表32　2019年自然科学一类二类基金项目成果发表数量名列前茅高职院校

单位：项

学校名称	成果发表数量
无锡职业技术学院	12
广州番禺职业技术学院	11
深圳职业技术学院	9
扬州工业职业技术学院	9
烟台职业学院	9
河北交通职业技术学院	8
江苏建筑职业技术学院	8
云南农业职业技术学院	8
南京信息职业技术学院	7
陕西铁路工程职业技术学院	7
杨凌职业技术学院	7

表33 社会科学一类二类基金项目成果发表数量名列前茅高职院校

单位：项

学校名称	成果发表数量
浙江金融职业学院	12
无锡职业技术学院	11
陇南师范高等专科学校	9
长沙民政职业技术学院	9
陕西警官职业学院	9
重庆三峡医药高等专科学校	8
山东外贸职业学院	8
无锡商业职业技术学院	8

（三）专利

高职院校服务地方经济，开展技术研发、技术服务、技术咨询和技术培训等。专利是观察高职院校开展技术研发、技术服务的一个角度。2019年，高职院校申请专利合计11 836项，校均专利申请8项。其中常州机电职业技术学院以247项专利申请数排名第一，重庆工程职业技术学院和江苏海事职业技术学院专利申请数在200～230项之间，19所院校专利申请数在100～199项之间，217所院校专利申请数在11～99项之间，436所院校专利申请数为1～10项之间，748所院校专利申请数为0，如表34、图11所示。从专利申请数量省份排序来看，江苏、浙江、广东三省院校数量、专利申请数量较为突出（见图12）。

表34 2019年高职院校专利申请数量

单位：项

申请人	专利总数	发明专利数量	实用新型数量	外观设计数量
常州机电职业技术学院	247	161	49	37

续表

申请人	专利总数	发明专利数量	实用新型数量	外观设计数量
重庆工程职业技术学院	228	140	85	3
江苏海事职业技术学院	220	211	8	1
温州职业技术学院	193	181	7	5
常州信息职业技术学院	164	148	16	0
广州番禺职业技术学院		35	14	115
深圳职业技术学院	160	114	10	36
江苏工程职业技术学院	154	135	19	0
烟台工程职业技术学院	152	117	35	0
南京机电职业技术学院	146	18	75	53
无锡职业技术学院	141	49	50	42
义乌工商职业技术学院		31	10	100
天津市职业大学	135	30	3	102
重庆工业职业技术学院	132	87	23	22
南京铁道职业技术学院	129	99	28	2
南京工业职业技术学院	120	97	17	6
重庆电子工程职业学院	116	66	49	1
苏州职业大学	110	88	22	0
盐城工业职业技术学院	105	86	19	0
扬州工业职业技术学院		90	14	1
焦作大学	103	87	16	0
莱芜职业技术学院	101	94	6	1
南京科技职业学院	99	90	9	0

（四）对高职院校科研的反思

成果数量只是观察高职院校科研情况的一个角度，论文、课题、专利只是观察高职院校科研的并不全面的几个维度。对于高职院校

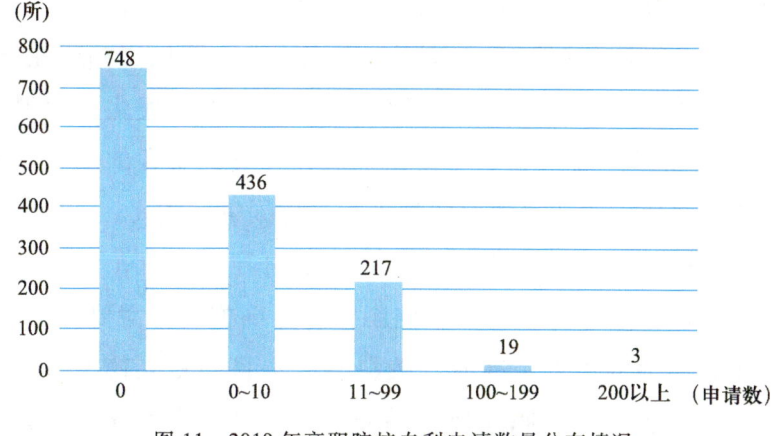

图11 2019年高职院校专利申请数量分布情况

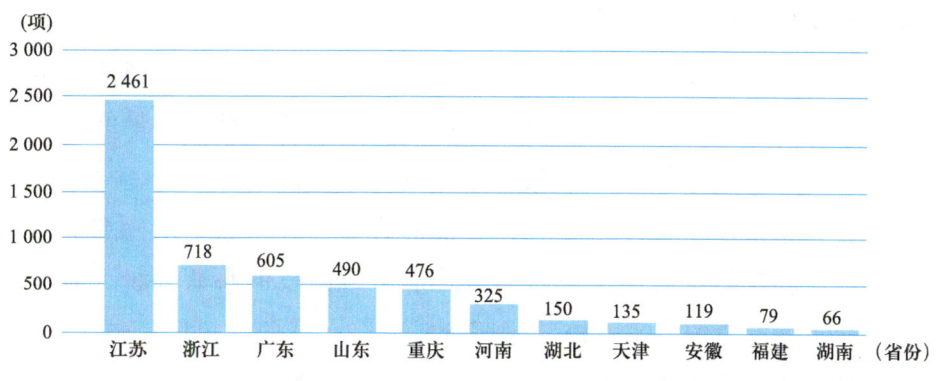

图12 2019年高职院校专利申请数量前50名所属的省份分布及申请数量情况

科研的观察，这只是一个初步的研究成果。高职院校科研工作对高职院校发展的重要性，以及究竟怎样，如何来观察和评价，还需要进一步深入。

职业教育作为一种类型，特色鲜明的高职院校科研需要得到更多重视。仅从数量上看，高职院校的科研从整体上来说，仍然没有摆上位。在与部分高职院校的交流中也感受到，对高职院校要不要搞科研，仍然有着不同意见。《国家职业教育改革实施方案》的颁布，把职业教育定位为类型教育，也对职业教育科研提出了新的要求。作为类型教育，职业教育的类型特征是什么？类型教育需要类型特色的科研作为支撑。很难想象没有类型特色鲜明、高水平的高职院校科研，高职院校能否支撑国家重点产业、区域支柱产业发展；能否产生一批国际先进水平，引领职业教育实现现代化，为促进经济社会发展和提高国家竞争力提供优质人才资源支撑的学校和专业群；能否有自信，与普通教育实现平行平等同等的重要。

高职院校科研应该研究什么，如何来引导与评价，需要更广泛的讨论与反思。把准高职院校研究工作的正确方向，需要回归初心，重新审视我们为何出发。高职院校科研根本目的是立德树人，探索有职业教育鲜明特色的职业教育科研，是以科研为引导，服务国家重大战略和区域发展需求，以高质量的人才支撑产业发展、技术进步。高职院校科研更注重实践技能，强调应用性。其课题应更多来源于企业、生产和服务的第一线，强调新技术的推广、重视研究成果的转化。用科研深入产教融合、校企合作、工学结合，最终提升人才培养质量，支撑国家经济高质量发展。

有职业教育类型特色的高职院校科研评价有待进一步完善。目前，高职院校的科研评价普遍参考普通本科高校的科研评价，有职业教育类型特色的高职院校科研评价需要广大高职院校反思与完善。评价高职院校的科研，成果形式可以体现但不能满足于写书、获奖、发论文，需要改革对科研成果的评价标准和对教师业绩的评价体系，激励教师开展科技研发，把研究成果及时转化，承认并更重视技术推广、技术应用和技术革新的学术价值。

第三部分
研究热点

一、全面贯彻党的教育方针，推进职业教育高质量发展

为适应我国社会主要矛盾的变化，助推"两个一百年"奋斗目标、中华民族伟大复兴中国梦的顺利实现，职业教育必须全面贯彻党的教育方针，构建德智体美劳全面发展的人才培养体系，发展中国特色世界先进水平的优质教育，培养德智体美劳全面发展的社会主义建设者和接班人，不断满足人民对美好生活的新期待。在 2019 年，相关研究者从更加全方位的视角探讨党的教育方针融入职业教育的相关议题，从关注党的领导和社会主义办学方向的理论价值延伸到具体工作的落实；从关注"立德树人"的理论内涵扩展到"德技并修"的人才培养；从关注职业教育内部的劳动教育拓展到服务基础教育的劳动与职业启蒙教育。

（一）政策进展

2018 年 9 月，习近平总书记在全国教育大会上强调，在党的坚强领导下，要全面贯彻党的教育方针，坚持马克思主义指导地位，坚持中国特色社会主义教育发展道路，坚持社会主义办学方向，培养德智体美劳全面发展的社会主义建设者和接班人。要努力构建德智体美劳全面培养的教育体系，形成更高水平的人才培养体系。要把立德树人融入思想道德教育、文化知识教育、社会实践教育各环节。

2019 年 2 月，中共中央、国务院印发《中国教育现代化 2035》指出，要以习近平新时代中国特色社会主义思想为指导，在党的坚强领导下，全面贯彻党的教育方针，坚持中国特色社会主义教育发展道路，坚持社会主义办学方向，培养德智体美劳全面发展的社会主义建设者和接班人，推进教育现代化、建设教育强国、办好人民满意的教育。要把学习贯彻习近平新时代中国特色社会主义思想作

为主要任务，贯穿到教育改革发展全过程，落实到教育现代化各领域各环节。

2019年1月，国务院印发的《国家职业教育改革实施方案》指出，坚持以习近平新时代中国特色社会主义思想为指导，把职业教育摆在教育改革创新和经济社会发展中更加突出的位置。落实好立德树人根本任务，健全德技并修、工学结合的育人机制，完善评价机制，规范人才培养全过程。鼓励中等职业学校联合中小学开展劳动和职业启蒙教育，将动手实践内容纳入中小学相关课程和学生综合素质评价。

2019年6月，教育部在《教育部关于职业院校专业人才培养方案制订与实施工作的指导意见》中指出，要以习近平新时代中国特色社会主义思想为指导，落实立德树人根本任务，构建德智体美劳全面发展的人才培养体系，突出职业教育的类型特点，推进教师、教材、教法改革，规范人才培养全过程。要把立德树人融入思想道德教育、文化知识教育、技术技能培养、社会实践教育各环节。并特别强调要全面加强党的领导，强化课程思政，积极构建"思政课程+课程思政"大格局，推进全员全过程全方位"三全育人"，实现思想政治教育与技术技能培养的有机统一。结合实习实训强化劳动教育，明确劳动教育时间，弘扬劳动精神、劳模精神，教育引导学生崇尚劳动、尊重劳动。

（二）主要观点

1. 全面加强党的坚强领导，引领职业教育健康发展

党的领导是中国特色社会主义最本质的特征，中国共产党是中国特色社会主义事业的领导核心，是事业健康发展、蓬勃兴旺的根本保证。作为国民教育体系和人力资源开发重要组成部分的一种重要类型教育，职业教育首先必须要加强中国共产党的坚强领导，把党的领导贯彻到各领域各方面各环节。有研究者指出，中国特色社

会主义进入新时代，要在正确把握新时代党的建设基本要求和科学理解职业教育具体特征的基础上，精准落实党建工作。① 另有学者从提高政治站位、聚焦主业主责、教育管理并重、抓住关键环节等方面探索提高党建质量的相关举措。② 还有学者从政治生态的视角，构筑学生、教师、领导者群体全员参与的多维度政治生态体系，③ 明确各主体角色在职业教育各领域、各环节的工作侧重。"课程思政"作为贯彻党的领导的重要举措，被有关学者重点关注。如有学者认为，课程思政应体现前期的指导、中期的设计与修改、后期的实施与质量保证的全过程渗透；④ 并关注"术道结合"，将思政元素与专业能力培养有机融合，以透彻的学理分析激发学生对思想政治教育的认同感，⑤ 体现出建构"思政课程+课程思政"大格局的视野，从纵向全过程、横向全方位、主体全员性加强党的领导，在"三全育人"中推进职业教育的健康发展。

2. 坚持社会主义办学方向，让人民享有充分获得感

中国特色社会主义制度是党和人民在长期实践探索中形成的科学制度体系，我国国家治理一切工作和活动都应依照中国特色社会主义制度展开。职业教育作为一种类型教育，肩负着为国家和社会培养数以亿计的高素质劳动者和技术技能人才的时代重任，担负着满足人民对美好生活新期待的崇高使命，因此必须坚持社会主义方向。有学者认为，坚持社会主义办学方向就是要把"培养德智体美劳全面发展的社会主义建设者和接班人"作为根本任务，把"四个服务"作为根本要求。⑥ 其中，德智体美劳全面发展的理念和论述，

---

① 周建松. 新时代高等职业院校党建工作的使命与担当 [J]. 中国职业技术教育，2018（22）：5-9.
② 王冠，于舒. 高职院校提高党的建设质量研究 [J]. 学校党建与思想教育，2018（11）：56-58.
③ 龚兴雷. 政治生态视角下高职院校加强党的政治建设研究 [J]. 学校党建与思想教育，2019（09）：52-54.
④ 程舒通. 职业教育中的课程思政：诉求、价值和途径 [J]. 中国职业技术教育，2019（05）：72-76.
⑤ 马蕾. 课程论视域下高职院校"课程思政"的学理逻辑 [J]. 中国职业技术教育，2019（23）：63-68.
⑥ 杨银付. 始终坚持社会主义办学方向 [J]. 中国教育报，2019-02-14（03）.

集中体现了习近平总书记对社会主义办学规律的科学把握。有研究者建议，职业教育发展必须强化大局观，融入国家战略，把人才培养置于国家经济社会发展大背景中，充分考虑现代化经济体系建设和更高质量更充分就业的需要。① 坚持"为人民服务"是"四个服务"的根本宗旨。在新时期，职业教育必须把人民群众对公平而有质量的教育需求作为奋斗目标，让人民群众在教育上有充分获得感，让每个孩子都有人生出彩的机会。为此，有学者从美国教育心理学家加德纳多元智能理论出发，认为职业教育要根据每个人的性格禀赋、兴趣特长和素质潜力为其提供"适合的教育"；② 培养学生的个性发展是适合的职业教育的最本质价值特征，是职业教育的终极追求。③

3. 落实立德树人根本任务，培养德技并修的时代工匠

要大力发展职业教育，必须坚持立德树人的根本任务。立德树人规定了教育的根本任务，创新了教育的本质。例如，有研究者指出，立德树人是职业教育质量的关键内涵，人无德不立、无技不成，人的本质是德性和价值观，职业教育必须确立德性和价值观在职业教育质量含义中的核心地位。④然而，职业教育的本质体现为"技术技能型"，"技能"是根，"德性"是魂。为此，广大研究者从"德技并修"的视域探究"立德树人"的相关问题，将"立德树人"进一步落到实处。

就"德技并修"的内涵，有学者指出，技术技能人才的高素质不仅表现为高技能，还表现为较高水平的职业素养、职业道德，这就是所谓的"德技并修"。⑤ 还有研究者认为，职业教育领域落实

---

① 杨建新. 全面发展理念：高水平高职院校建设的人才培养模式新特征 [J]. 中国职业技术教育，2019 (05)：11-14+19.
② 尹伟民，李德方，周向峰. 适合的职业教育：基于类型教育的内涵分析 [J]. 中国职业技术教育，2019 (13)：22-27.
③ 张健. 适合的职业教育：价值特征与实现路径 [J]. 中国职业技术教育，2019 (13)：19-21.
④ 赵蒙成. 立德树人是职业教育质量的关键内涵 [J]. 职业技术教育，2019，40 (10)：1.
⑤ 庄西真. 新时代职业教育德技并修的逻辑意蕴 [J]. 中国职业技术教育，2019 (04)：21-24.

"立德树人"根本任务就是培养"德技并修"的有用人才。可见,"德技并修"与"立德树人"并不冲突,而是对后者在职业教育中的落实。有学者认为,"德技并修"是高质量职业教育的应有之义,要求学生既要具备政治认同、职业精神、法治意识、健全人格和公共参与等方面的核心政治素养,同时又要具备较高的技术技能水平,成为能够担当中华民族伟大复兴重任的时代新人。①

就如何培养"德技并修"的有用人才,学者们纷纷提出各自的观点。如有研究者提出构建系统化的"德技并修"培养体系,要求职业院校在教育教学中既要发挥德育课、思政课在德育中的主渠道作用,又要挖掘其他公共基础课的德育要素;既要发挥专业课、实践课在专业技能培养中的主阵地作用,又要注重这些课程的职业意识、职业精神培育功能;既要发挥全体教师育人主力军作用,也要注重校园文化的"春风化雨"作用。②有研究者认为,"德技并修"的关键就是将德育课程融入专业课程教学中,让学生在技能培养的潜移默化中提高自身的道德水平和职业素养;③同时也应充分利用顶岗实习、社团活动、技能竞赛、社会服务等各类活动,在校园文化、企业文化等隐性资源中培养学生的职业精神。④⑤为保障"德技并修"的有效实践,必须积极探索产教融合、校企合作、工学结合、知行合一的协同育人模式,打造共同育人的命运共同体,发挥学校、家庭、政府、企业、社区等多元主体的协同参与作用。⑥

4. 构建完整劳动教育链条,塑造人类社会美好生活

习近平总书记在全国教育大会上指出,要在学生中弘扬劳动精

---

①②⑥ 刘宝民.认真落实"立德树人"根本任务 着力培养"德技并修"有用人才[J].中国职业技术教育,2019(04):19-20.

③ 庄西真.新时代职业教育德技并修的逻辑意蕴[J].中国职业技术教育,2019(04):21-24.

④ 汪永智,李理.新时代中职学生德技并修人才培养路径探析[J].中国职业技术教育,2019(04):25-29.

⑤ 梅亚萍.融合:打造新时代中职学生德技并修的课堂[J].中国职业技术教育,2019(04):30-32.

神，教育引导学生崇尚劳动、尊重劳动，将新时代"培养什么人"的内涵进一步丰富和发展，全面培养的教育体系从"四育"拓展到"五育"，明确了劳动教育的核心内容。劳动教育是职业教育的应有之义，广大职业院校也应积极开展劳动教育。为此，有研究者建议应将劳动教育融入职业教育的各环节，融入学生学习、生活、实践，让学生充分认识和认可劳动的重要地位和重要意义，把培养劳动者的良好品质和技术技能有机结合起来，通过丰富多彩的劳动教学和劳动实践，引导学生树立正确的价值观、成才观。① 另有研究者提出，职业院校应将"尊重劳动"充分融入教学管理、课程建设、人才培养、校园文化等各领域，促使劳动教育融入育人全过程，建构体系完整的劳动教育链条；② 还有研究者以劳动精神为切入点，提出将劳动精神融入职业院校的办学理念，发挥其价值引导功能；将劳动精神融入职业教育教学体系，强化其精神生成功能。③

职业院校不仅要在自身人才培养中有效实施劳动教育，还应积极拓展劳动教育的服务面向，联合中小学开展劳动和职业启蒙教育，开启美好职业生涯。有研究者指出，现阶段中小学综合实践活动资源的困乏和广大职业院校得天独厚的资源优势推动了职业院校向中小学劳动与职业启蒙教育服务的延伸，增强了职业教育尤其是中职学校的生命力，彰显了职业教育的独特社会价值。④ 职业院校联合中小学开展劳动与职业启蒙教育，并不是倡导对学生进行过早的分流，而是响应中小学生全面发展的内在需求，通过初步的职业体验逐步发现和培养他们的职业兴趣，为未来的专业或职业选择奠定可能的基础。⑤ 有研究者认为，中小学劳动与职业启蒙教育在一定程度上就是职业教育的预

---

① 杨建新. 全面发展理念：高水平高职院校建设的人才培养模式新特征 [J]. 中国职业技术教育，2019（05）：11-14+19.
② 张琛，李珂. 论黄炎培劳动教育思想的丰富内涵与当代启示 [J]. 教育与职业，2019（02）：93-97.
③ 胡华，梁德萍. 劳动精神融入新时代职业教育理路探微 [J]. 教育与职业，2019（19）：101-107.
④ 陈鹏. 职业启蒙教育的价值意蕴 [J]. 教育与职业，2019（12）：12-18.
⑤ 沈有禄. 职业学校联合中小学开展劳动与职业启蒙教育：天时、地利、人和 [J]. 中国职业技术教育，2019（07）：112-113.

备教育，它可以引导更多的初高中毕业生主动选择就读职业学校，为职业教育质量的提高、技术技能型人才的培养奠定重要基础。建议职业院校应依靠自身的资源优势，通过开放校园、提供实训场所、委派专业师资等多种形式参与中小学劳动与职业启蒙教育。①

综上所述，在过去的一年里，研究者秉承中国特色社会主义道路自信、理论自信、制度自信、文化自信，不断加强中国政治话语体系与学术话语体系的有机融合，坚持政治性与学术性相统一、价值性和知识性相统一，用中国的学术话语和政治话语探索中国职教发展道路，彰显中国职教科研人员的理论自觉和使命担当，不断提升服务决策和解决实践问题的能力，为加快推进教育现代化、建设教育强国、办好人民满意的职业教育贡献知识与智慧。

尽管近年来有关学者围绕党的教育方针，主动探索职业教育改革与发展的路径，取得了一定成果，但是还有以下亟待解决的问题，有待于进一步研究：第一，重理论阐释、轻实践探索，已有的研究更多地阐释党的教育方针是什么、为什么，对于如何落实的论述较为薄弱；第二，重宏观建构、轻微观探索，已有的关于党的教育方针在职业教育中贯彻路径的探究，更多地限于宏观的体系建构、多维度的全面落实，缺乏深度，且可操作性不足；第三，重理论思辨、轻案例探索，已有研究更多的是基于作者自己的知识体系，感性地提出相关的策略建议，深入调查的研究较少，研究的信度和效度值得进一步检验。为此，对以后的研究提出以下建议：第一，在研究内容上，从微观层面入手，探索党的教育方针的具体落实，如在课堂教学、活动开展、资源开发等某一维度探索更具可操作性的策略建议，将党的教育方针贯彻到职业教育发展的每一个细节；第二，在研究方法上，基于实证的范式，深入调研具体实践中职业教育对党的教育方针的诉求，进而提出更有针对性的落实举措。

---

① 王耿升. 职业院校要在加强劳动和职业启蒙教育中发挥重要作用 [J]. 中国职业技术教育，2019（07）：115-116.

二、凸显新时代职业教育类型特质，完善职业教育与培训体系

随着我国经济结构调整与产业发展转型进入关键时期，职业教育的发展也从注重规模的外延扩张转变为注重质量的内涵建设。新时期、新常态下，我国提出将职业教育作为一种类型教育发展是顺应时代趋势的必要举措，是完善国家职业教育制度建设以及优化职业教育结构体系的重要方式，也是落实国家人力资源供给侧结构性改革、为产业高质量发展提供生力军的重要保障。

（一）政策进展

2019年1月，国务院印发《国家职业教育改革实施方案》，指出"职业教育与普通教育是两种不同教育类型，具有同等重要地位""经过5—10年左右时间，职业教育基本完成由政府举办为主向政府统筹管理、社会多元办学的格局转变，由追求规模扩张向提高质量转变，由参照普通教育办学模式向企业社会参与、专业特色鲜明的类型教育转变，大幅提升新时代职业教育现代化水平，为促进经济社会发展和提高国家竞争力提供优质人才资源支撑"。

2019年2月，中共中央办公厅、国务院办公厅印发《加快推进教育现代化实施方案（2018—2022年）》，指出要"构建产业人才培养培训新体系，完善学历教育与培训并重的现代职业教育体系""健全产教融合的办学体制机制""建立健全职业教育制度标准，完善学校设置、专业教学、教师队伍、学生实习、经费投入、信息化建设等系列制度和标准，制定并落实职业院校生均拨款制度。建立国务院职业教育工作联席会议制度"。

2019年2月，中共中央、国务院印发《中国教育现代化2035》，指出"加快发展现代职业教育，不断优化职业教育结构与布局""推

进中等职业教育和普通高中教育协调发展""强化职业学校和高等学校的继续教育与社会培训服务功能"。

2019年3月，李克强总理在政府工作报告中指出"加快发展现代职业教育，既有利于缓解当前就业压力，也是解决高技能人才短缺的战略之举""要以现代职业教育的大改革大发展，加快培养国家发展急需的各类技术技能人才"。

（二）主要观点

1. 把职业教育作为类型教育是新时代的诉求

新时代我国社会经济的发展需要职业教育的支撑与推动。有研究者从国家经济发展态势的视角出发，认为在我国实现经济由高速增长转向高质量发展，转变发展方式、优化经济结构、转换增长动力，建设现代化经济体系的过程中，各行各业对技术技能人才的需求越来越迫切，职业教育重要地位和作用越来越凸显。① 也有研究者从终身学习的视角，认为将职业教育作为一种类型教育是对职业教育价值取向的转变，从以往仅关注行业、企业需求，强调就业率的社会取向逐渐过渡到不仅关注社会和市场的满意度，更关注人的充分发展和个体的职业生涯发展。②

新时代党和政府空前重视并不断推动着职业教育的发展。有研究者指出自党的十八大以来，以习近平同志为核心的党中央从党和国家发展全局的高度，系统地回答了我国职业教育定位和发展途径两大问题。2014年，习近平总书记在对全国职业教育工作会议的重要指示中强调，"要把加快发展现代职业教育摆在更加突出的位置，更好支持和帮助职业教育发展"。党的十九大报告要求，"完善职业教育和培训体系，深化产教融合、校企合作"。从党的十九大到2018

---

① 王扬南. 新时代新要求、新目标新行动：职业教育改革发展迈入新阶段 [J]. 中国职业技术教育，2019 (07)：5-8.

② 匡瑛，石伟平. 论高职百万扩招的政策意图、内涵实质与实现路径 [J]. 中国高教研究，2019 (05)：92-96.

年召开的全国教育大会，再到2019年的全国"两会"，党中央、国务院根据新时代中国特色社会主义发展"两步走"战略安排，作出了加快教育现代化、建设教育强国、办好人们满意教育的战略部署，制定出台了《国家职业教育改革实施方案》等一系列政策规划。加快推进职业教育现代化，深化职业教育改革，不仅从顶层设计层面搭建"四梁八柱"，更从改革落实层面画出清晰"路线图"。[①]

新时代职业教育自身发展展现出了无比的活力。由于历史原因，职业教育长期作为普通教育的"衍生品"，人们普遍认为职业教育是一种弱势教育，层次低、地位低、质量差，使得长期以来职业教育一直处于低人一等的窘境。有学者指出，至2018年我国已经形成了世界上最大规模的职业教育与培训体系，但是面对凸显职业教育的类型特征和不可替代的重要性的目标，我们也要直面职业教育体系建设不够完善，职业教育内部贯通、衔接不畅，职普之间融合度、互认度不强等发展问题。[②]

2. 进一步明晰职业教育作为类型教育的内涵特征

强调职业教育是一种类型教育便是要深化对职业教育的认识。作为一种类型，职业教育发展必然有其不同于普通教育的特点和规律。有研究者从系统论和方法论的角度出发，将职业教育作为类型教育的特征归纳为首先是企业与学校跨界合作的结构形式和办学格局；其次是产业与教育需求整合的功能定位和社会价值；最后是共性与个性框架重构的设计方法和逻辑工具。[③] 有研究者认为，职业教育真正成为"自身"的关键所在，或言职业教育"类型教育"的合理性根源有三点：其一是职业教育"类型教育"是否存有这样一群与众不同且具备匠器禀赋的个体；其二是职业教育"类型教育"的

[①] 陈子季. 推动新时代职业教育大改革大发展 [J]. 国家教育行政学院学报, 2019 (05): 3-9.

[②] 马树超, 郭文富. 坚持学历教育与职业培训并举 推动新时代职业教育改革 [J]. 中国职业技术教育, 2019 (07): 13-18.

[③] 姜大源. 跨界、整合和重构: 职业教育作为类型教育的三大特征——学习《国家职业教育改革实施方案》的体会 [J]. 中国职业技术教育, 2019 (07): 9-12.

专业与未来岗位是否指向制造、围绕制造或与制造相关;其三是职业教育"类型教育"在知识、思维、伦理等维度是否存在技术逻辑。① 有研究者结合新时代经济社会背景及职业教育的动态变化,提出与普通教育相比,开放性、灵活性、多元化和个性化是职业教育的核心类型特征。开放体现在教育对象和教育内容的开放性;灵活体现在学习形式和制度的灵活性;多元体现在利益相关者和教育机构的多元性;个性体现在对公民个体和企业个性化需求的满足上。职业教育将成为面向所有年龄群体、与工作世界联系最为紧密、行业企业及整个经济和社会都更加关切的教育类型。② 有学者认为,作为一种教育类型,职业教育与普通教育的区别主要在于教育发展理念,即"一元主导"与"二元主导"的区别。育人模式的"双元(学校+企业)"、培养目标的"双技(技术+技能)"、师资队伍的"双师(教学+实践)"、学习经历的"双证(学历+技能等级)"、办学功能的"双责(学历教育+职业培训)",等等,构成了职业教育的类型特征。其中,"双元"育人是职业教育作为类型教育的最本质特征,是职业教育发展的根,只有根深蒂固,才能枝繁叶茂。③

3. 加快突破职业教育作为类型教育的建设重难点

重点聚焦职业教育各项制度机制建设。一方面,贯彻落实职业教育产教融合的国家办学制度。就发展现状来看,目前的产教融合制度还存在着认识不到位、企业参与度不高、结合层次较浅、实现途径有限、缺少法律保障、缺乏监督机制等问题。④ 为此,有研究者从组织社会学视角出发,提出职业教育产教融合的本质是在社会主义市场经济体制下,重构职业院校与企业之间的组织关系。推进职业教育产教深度融合需要从松散联结到实体嵌入的转变,向组织内

---

① 路宝利,缪红娟.职业教育"类型教育"诠解:质的规定性及其超越[J].职业技术教育,2019,40(10):6-14.
② 李玉静.职业教育作为一种类型教育:基本特征[J].职业技术教育,2019,40(01):1.
③ 王丹中.让职业教育成为"名副其实"的类型教育[J].职教通讯,2019(10):6.
④ 曹晔.新中国成立70年来职业教育产教融合制度的变迁与展望[J].教育与职业,2019(19):19-25.

科层关系适度回归，将"引教入企""引企入教"理念融入职业教育办学实践，发挥企业在职业教育人才培养中的主体作用，让企业深度参与职业教育人才培养的全过程。①另一方面，建立类型特色的职业教育招考制度。有研究者认为按照原有的制度难以进行招考招生。因此，在实际执行层面招考制度的制定，一是要精准识别不同群体生源；二是要与相关部门合作，了解区域内不同群体的基本特征，基于对特定群体的工作、生活等的深度分析进行科学的制度设计，并提出可综合利用笔试、面试、技能考核、职业测评四类招考方式。②

实现现代职业教育体系建设难点突破。首先，加快形成职业教育与培训融合的大职业教育体系。有研究者认为应落实学历教育与培训并举的法定职责，加大技术技能人才紧缺领域的职业培训，加大开展高质量职业培训支持力度，加强师资队伍的能力建设，加快学分银行建设，构建国家资格框架，畅通技术技能人才职业发展通道。③有研究者认为要进一步启动1+X证书制度改革试点工作，坚持学历教育与职业培训并举的重要特色，健全制度标准体系，完善教育与培训相结合的制度基础，推进产教深度融合，促进校内校外工学结合育人，强调放管服改革和管办评分离，保障技术技能人才培养培训的成效。④其次，加强和完善国家职业教育标准体系建设。有研究者通过回顾改革开放以来的我国职业教育在办学标准、教学标准等多项标准体系的建设历程，认为职业教育一切标准的制定都必须以提高人才培养质量为逻辑起点，同时放在国家教育标准体系建设的大框架下进行标准体系的建设，尊重共性的教育规律的同时又

---

① 郝天聪，石伟平．从松散联结到实体嵌入：职业教育产教融合的困境及其突破［J］．教育研究，2019，40（07）：102-110．
② 庄西真．区分不同类别 精准考招培养［J］．中国高教研究，2019（07）：99-103．
③ 孙诚．新时代新任务：推进职业院校开展高质量职业培训［J］．教育与职业，2019（07）：11-16．
④ 马树超，郭文富．坚持学历教育与职业培训并举 推动新时代职业教育改革［J］．中国职业技术教育，2019（07）：13-18．

必须彰显职业教育的个性,体现职业教育的本质特征。① 最后,贯通职业教育人才培养体系,确定高层次应用型人才培养体系在国家职业教育制度体系完善中的重要地位。有研究者认为中职教育、高职教育与应用型本科及专业硕士研究生教育的有效衔接,统筹各阶段职业教育,促进职业教育协调发展,构建全方位、多层次、开放式现代职业教育体系至关重要。② 有研究者认为本科职业教育成为衔接贯通中高职教育的关键层级,打通了学生升学通道、贯通技术技能型人才成长立交桥。本科层次职业教育是应用型人才培养体系的有机构成,本科层次职业教育不仅是专科层次职业教育的升格,也是职业与专业教育类型的高级阶段。③

综上,将职业教育作为一种类型教育来发展是新时代的诉求,要进一步明确其本质特征,为未来职业教育的建设明晰方向。同时要推进职业教育的顶层设计,从产教融合的国家办学制度、富有类型特色的招考制度等各方面加快职业教育作为类型教育的制度构建,并进一步完善职业教育与培训体系、职业教育标准体系以及人才培养体系等现代职业教育体系,以深化国家职业教育的内涵式发展。

---

① 姜乐军,马成荣,濮海慧.改革开放40年国家职业教育标准体系建设的发展现状、主要做法及基本经验[J].中国职业技术教育,2018(34):17-22+29.
② 平和光.为何强调职业教育是类型教育[J].职业技术教育,2019,40(04):1.
③ 陆素菊.试行本科层次职业教育是完善我国职业教育制度体系的重要举措[J].教育发展研究,2019,39(07):35-41.

三、高质量完成百万扩招，为产业经济转型升级提供优质人力资源支撑

"高职院校百万扩招"是党中央、国务院在2019年全国两会政府工作报告中提出的重大决策，是全面提升人力资本水平、加快构建现代产业体系的重要手段，更是为实现"两个一百年"奋斗目标和中华民族伟大复兴的中国梦提供坚实人才支撑的重要举措。

（一）政策进展

2019年3月5日，李克强总理在全国两会政府工作报告中提出，"改革完善高职院校考试招生办法，鼓励更多应届高中毕业生和退役军人、下岗职工、农民工等报考，今年大规模扩招100万人"。

2019年5月6日，教育部等六部门出台《高职扩招专项工作实施方案》，部署落实国务院百万扩招总要求，从指导思想、工作原则、主要任务、组织实施四个方面系统谋划，提出2019年高职招生计划将实现增量114万。

（二）主要观点

1. 百万扩招是为产业经济转型升级提供优质人力资源支撑的战略之举

研究者们一致认为，高职院校百万扩招被置于政府工作报告中的"双管齐下稳定和扩大就业"板块，而非传统的教育工作板块，说明本次扩招并非纯粹从应届生源考虑，[1] 而是从国家宏观大局出发，着眼于GDP增速为6%的背景下，有效解决就业问题、推动国家稳定治理的战略之举。[2] 我国正处于社会转型和产业升级的关键时

---

[1] 赵秀红 徐倩. 职教加速发展背后有何深意 [N]. 中国教育报, 2019-3-7 (7).
[2] 潘家俊. 对高职扩招100万的八点思考 [EB/OL]. https://m.sohu.com/a/304229422_200190.

期,加快建设制造强国,产业技术工人职业素养的提升是关键。退役军人、下岗职工、农民工是中国产业技术工人的基础人群与培养对象,对他们开展职业教育,可将劳动力存量置换为优质人力资源,①有效缓解未来产业用人需求提升与人口红利消退的压力。因此,这一重大决定是紧系国家之基、民生之本,关乎国力强弱、国运兴衰的战略性决策。②扩招100万,意义和格局并不在当下,而在长远。③

2. 百万扩招背景下职业教育机遇与挑战并存

百万扩招也是职业教育大变革的重要推力。有学者认为,扩招是新时期国家对职业教育的一种赋能,④预示着职业教育的一场"大变革"。⑤一方面,生源多样化倒逼职业教育脱离参照普教模式、转变为促进经济社会发展的类型教育;另一方面,将撬动乃至颠覆高等职业教育整个形态,包括人才培养将从原先的划一性走向更加丰富多元,服务对象从以往的单一群体转向多类群体,学制体系从固化走向弹性,课程设置从"大锅菜"式统一供给趋向"自助餐"式多元选择,评价考核也将从唯一标准导向多维标准等,推动高等职业教育逐渐办成"适合的教育"。⑥

百万扩招在为职业教育改革发展释放政策红利的同时,也使职业教育战线面临全面挑战。

在办学资源上,要处理好规模与质量的关系。扩招给学校带来的直接问题是办学资源被摊薄,资源紧张引发扩规模与保质量的矛盾。一方面,教室、实训室、住宿、教学仪器设备及工位数等办学

---

① 匡瑛,石伟平. 论高职百万扩招的政策意图、内涵实质与实现路径 [J]. 中国高教研究,2019 (05):92-96.
② 董刚. 对高职院校百万扩招的思考(笔谈)[J]. 中国高教研究,2019 (04):1-5+73.
③ 潘家俊:对高职扩招100万的八点思考 [EB/OL]. (2019-03-27). https://m.sohu.com/a/304229422_200190.
④ 姜大源. 论高职扩招给职业教育带来的大变局与新占位 [J]. 中国职业技术教育,2019 (10):5-11.
⑤ 今年高职院校扩招100万人!生源哪里来,如何保质?[N]. 人民日报,2019-3-7.
⑥ 马树超,郭文富. 高职院校百万扩招的战略意义与实现路径 [J]. 中国高教研究,2019 (05):88-91.

空间、办学条件、办学资源存在不足，在一定程度上制约了各高职院校扩招的规模拓展。① 有学者对 2019 年扩招后的主要教学资源校均缺口按"扩招后的资源供给与 2017 年保持大体相当"进行测算得出：校均校舍建筑面积缺口 2 万平方米；校均教学行政用房面积缺口 1.1 万平方米；校均图书大约缺口 4.9 万册，校均专任教师缺口 40 人左右，校均教学仪器设备值缺口 666.8 万元。② 另一方面，高职院校的教师数量跟不上规模发展要求，尤其是专任教师数量不足，扩招后专任教师数量将进一步趋紧。③ 大规模迅速扩招极大地考验着高职院校原有办学基础、统筹规划能力和创新能力，如何在完成扩招任务的基础上保持高质量发展，是高等职业教育面临的重要挑战。④

在功能定位上，要处理好应届与人人的关系。扩招对学校以应届生为主要服务面向的传统办学功能定位产生直接挑战。高职扩招百万，且鼓励招收退役军人、下岗职工、农民工和新型职业农民，这不仅仅是高职院校招生数量的增加，生源结构的多元化意味着高职院校将不再纯粹地为青年学生提供学历教育，而是为更加广大的社会群体提供以就业为导向的教育服务。⑤

在教学管理上，要处理好共性与个性的关系。长期以来，高职院校面对生源结构相对单一、基础相对均衡的高中生源，在人才培养上一直以学校统一安排为主，在统一时间、统一地点，用统一内容，按统一标准，以统一方式，对同一批学生进行流水线式的培养。⑥ 扩招带来学校生源的急剧变化，传统的教学模式、教学方法、管理方式、后勤服务、协调机制等都将受到冲击和挑战，如何满足

---

① 潘菊素. 关于高职院校扩招百万的思考 [J]. 教育与职业, 2019 (14): 12-16.
②③ 陆燕飞, 陈嵩. 百万扩招背景下高等职业教育供给侧改革的路径探析 [J]. 职教论坛, 2019 (07): 32-36.
④ 董刚. 对高职院校百万扩招的思考（笔谈）[J]. 中国高教研究, 2019 (04): 1-5+73.
⑤⑥ 王寿斌. "百万扩招"会引发哪些"蝴蝶效应" [N]. 光明日报, 2019-07-09 (15).

不同类型学生的共性要求与个性化需求，将成为学校面临的一个长期课题。

在评价制度上，要处理好统一与多元的关系。生源结构多样化倒逼高职院校对传统毕业标准"一刀切"的评价方式进行多元化变革。不同学生的入学基础不同、求学目标不同、学制模式不同，用一把尺子量所有人，就显得不切实际，甚至根本无法操作，迫切要求学校进行评价制度改革。①

在中等职业教育导向上，要处理好升学与就业的关系。高等职业教育要完成百万扩招任务，"三校生"将成为主力生源，这与一直以来坚持就业导向的中等职业教育产生了一定的矛盾，有学者认为，作为当前还未完全开发的群体，中等职业教育毕业生的升学比例一旦放开，可以大幅度提高高职院校的生源数量。如果中等职业教育毕业生升学的空间被扩大，中等职业教育原有的就业导向将发生颠覆性改变，中等职业教育将不再是一条"断头路"，就业和升学会成为中职生未来可选择的两条平行道路。如何在生源扩大、中等职业教育升学和保持中等职业教育的就业导向中间进行把握，是高职扩招给中等职业教育带来的挑战。②

在生均经费上，要处理好中央与地方的关系。高职扩招后如何落实生均1.2万元的财政经费标准，对中央政府和地方政府而言都是很大的挑战。有学者测算，实现生均经费达标并保持稳定或增长原本就需要财政加大投入，高职扩招后，如果严格执行这一标准，假定2019年全国所有高职院校全部达标，且实现扩招100万人，则今年共需生均公共财政经费约1 400亿元，其中，仅扩招就需新增经费120亿元以上，这对中央财政、地方财政都是不小的压力，特别是对于中部、西部、东北地区。大规模扩招后如何执行生均财政经费标

---

① 王寿斌.百万扩招会引发哪些"蝴蝶效应"[N].光明日报，2019-07-09（15）.
② 刘晓，刘婉昆.扩招百万背景下高职教育发展的挑战与应对[J].教育与职业，2019（14）：5-11.

准，既考验财力也考验魄力和智慧。①

3. 多管齐下实现高质量扩招

高质量完成扩招任务，应坚持系统化改革思维。百万扩招不是高职院校一家唱独角戏，需要政府、社会、行业、企业的多方协同，需要招生政策、拨款政策、用人政策的统筹协调，需要跨区域高等职业教育资源的优化配置，需要受教育者和社会公众的积极参与。②

科学分配招生指标。有人根据教育部统计发布的2018年高职（专科）院校1 418所，计算出"每校多招705人才能完成扩招任务"。许多学者发文对此表示批判，认为其暴露了在理解和认识"大规模扩招"问题上的局限性，影响到国家战略决策的执行，迫切需要解放思想、统一认识。③ 大家一致认为，扩招并非平摊规模，需要考虑不同区域之间产业发展及人才需求的差异、办学资源及人才供给的差异、生源现状及扩招潜力的差异以及整体统筹与东西部差异等，实现有重点的扩招。④ 一是扩招的院校和专业必须与产业转型升级的要求匹配，而非任意扩大规模；新增的劳动力专业方向必须符合市场预期，而非制造新的结构性失业群体。从这个意义上而言，本次扩招必须认真梳理、排摸缺口、对照需求，有重点、有针对性地部署相关院校和相关专业扩招。⑤ 二是从省域层面、行业层面或者校级层面对百万扩招进行任务分解，通过建立责任分解机制，实现人才培养与产业经济相关联、专业设置与产业结构相匹配、生源投放与行业需求相饱和以及扩招方向与新兴产业相衔接。⑥三是在综合考虑各地区、各类院校现有资源水平的基础上，采取"计划分配+自

---

① 毕树沙. 高职迅速扩招的现实挑战与应对策略：兼论高等职业教育规模发展 [J]. 中国职业技术教育，2019（10）：15-20.
② 马成荣. 响应百万扩招高职如何新作为 [N]. 中国教育报，2019-5-9（8）.
③ 王寿斌. 百万扩招高职如何面对 [N]. 中国教育报，2019-3-12（9）.
④⑥ 常姗. 百万扩招任务的责任分解机制研究 [J]. 职教论坛，2019（07）：26-31.
⑤ 匡瑛，石伟平. 论高职百万扩招的政策意图、内涵实质与实现路径 [J]. 中国高教研究，2019（05）：92-96.

主申报"的模式分配扩招生源。①

建立部门协同机制。政府履职尽责，协调教育、人力资源和社会保障、发展改革、财政、税务等部门联动，着力战略规划、政策制定、制度设计、标准制定等顶层设计，为高职教育改革提供机制与政策保障。② 第一，教育部门要协同行业企业聚焦实施标准建设，一方面，要建立健全学校设置、师资队伍、教学教材、信息化建设、安全设施等办学标准，完善专业教学标准、课程标准、顶岗实习标准、实训条件建设标准，为实现高质量扩招提供制度保障；另一方面，要加快完善产教融合效能评价体系，真正围绕教学资源水平提高、教学过程优化、学生面对职业的胜任力提升、学校服务贡献能力增强设计绩效评价标准，通过评价标准体系的改革，引导高职扩招更好地服务于产业结构、人才结构、教育结构的优化调整，推动高等职业教育通过大改革谋求大贡献和大发展。③ 第二，相关政府部门要按照职责分别对退役军人、下岗失业人员、农民工和新型职业农民提供有针对性的就业服务。④

完善招生考试制度。高质量完成百万扩招招生任务，改革完善招生考试制度是基础。第一，要建立健全考试招生与技术技能人才培养的有效联动机制，按照《高职扩招专项工作实施方案》的多样化招考方式，为多样化生源接受高等职业教育提供多种入学方式。⑤ 第二，增加面向发展急需、民生领域紧缺的专业和贫困地区，发挥"支援中西部地区招生协作计划"的作用，进一步加大东部地区高职院校面向中西部地区的招生计划数量。第三，以出口定入口，建立多元招考制度和评价考核制度。"职教高考"的科目设置和内容改革

---

① 陆燕飞，陈蒿．百万扩招背景下高等职业教育供给侧改革的路径探析［J］．职教论坛，2019（07）：32-36.
② 董刚．对高职院校百万扩招的思考（笔谈）［J］．中国高教研究，2019（04）：1-5+73.
③⑤ 马树超，郭文富．高职院校百万扩招的战略意义与实现路径［J］．中国高教研究，2019（05）：88-91.
④ 张祺午．高职百万扩招的战略意义与实现路径［J］．职业技术教育，2019，40（12）：1.

应进一步摆脱传统高考注重学科知识的倾向,突出对职业能力和综合素质的考查;针对不同专业、不同群体采取分类招考的试点,有意识地从招生环节就注重"技能匹配",尽可能避免结构性失业状况的出现。为实现让更多人能够接受高等职业教育,同时应当采取"宽进严出"的模式,参考欧美等国的注册入学制度和课程准入制度、中国台湾的多元入学制度,改革现有的评价考核,把岗位胜任力的测评作为评价考核的重要依据。[①]第四,高等职业教育大量接收中等职业教育生源,本科做好调整转型,畅通技术技能人才培养的渠道。[②]

全面深化院校改革。高质量完成百万扩招任务,高职院校要发挥主体性、落地性作用,积极应对多元化生源带来的新挑战,发挥类型教育优势和特色,进行全方位变革。

一是院校功能定位由封闭式转向开放式。有学者认为,在高达4.4亿的农民工、退役军人、下岗职工和残疾人群中,若其中历届高中生即使只占5%,也将高达2 200万人。倘若年招百万,也将是一个长期持续的历史任务。因此,学校需要考虑从面向应届生源、学习年限固定、从校门到校门的学校建制,向面向应届和社会生源并重、学习年限灵活、适应"学习—就业—再学习—再就业"目标的柔性的学校建制转变。具体而言,第一,重构的学校机构,从共性延伸至个性。如可考虑建立与产业、行业、企业以及社区、工会、妇联或青年组织合作的定向招生机构。第二,开放的资源配置,从校内延伸至校外。如扩招后的教学设施以及校舍可考虑采取租赁校外民宅民宿,抑或是通过校企合作、校校合作实现共建共享的方式,或者采取居家走读形式等多种可行性措施。第三,长效的学籍管理,从终结延伸至终身。可考虑从传统的基于应届生源三年学制的终结

[①] 匡瑛,石伟平.论高职百万扩招的政策意图、内涵实质与实现路径[J].中国高教研究,2019 (05):92-96.

[②] 刘晓,刘婉昆.扩招百万背景下高职教育发展的挑战与应对[J].教育与职业,2019 (14):5-11.

性学籍管理，向基于学分银行和学生学习档案——有利于学生接受再教育的、可追溯、可查询、可转换的终身性学籍管理转变。第四，多样的学制组合，从单制延伸至多制。可考虑从单一的学年全日制学习向以连续几个月为板块的分段全日制学习转变等。①

二是人才培养方案由统一化转向类型化。完成高职院校百万扩招目标，形式上是规模问题，实质上是结构问题，是由生源结构带来的对学校空间结构、学制结构、专业结构、形式结构等带来的全新变革。有学者认为，扩招、扩容是政治任务，但不能以牺牲办学质量为代价。② 为此，要按群体分类，开发并实施"1+N"人才培养方案。具体而言，要根据生源群体的差异，全面摸清教育对象的教育基础、技能经历和就业需求，以传统生源的人才培养方案为基准，开发"1+N"的多版本人才培养方案。并基于群体的差异性，进行教学研究，针对不同年龄特征的学习特点，研发教学模式、任务清单、项目设计等，尽可能贴近特定学员群体的已有经历，开展有效的人才培养。③

三是人才培养模式由合作式转向一体化。针对社会生源特点，深化校企合作、工学结合的人才培养模式改革，着力向"招工—招生—培养—就业"一体化学徒制人才培养模式转变。有学者提出，面向退役军人、下岗职工和农民工等社会生源群体，他们往往已经有一定的社会阅历和工作经验，在社会家庭中通常有比较多的角色与责任，或为人父母，或为家庭的骨干劳动力和经济收入支柱。因此，他们在接受高等职业教育的同时，为了照顾家庭生活也必须要就业有收入，只有妥善处理好在校学习与其角色责任的关系，将学习与就业二者科学统筹兼顾，才能比较顺利、平稳、可持续地完成好高等职业教育的学业任务。为此，针对退役军人、下岗职工和农

---

① 姜大源. 论高职扩招给职业教育带来的大变局与新占位［J］. 中国职业技术教育，2019（10）：5-11.
② 马成荣. 响应百万扩招高职如何新作为［N］.《中国教育报》2019-5-9（8）.
③ 匡瑛，石伟平. 论高职百万扩招的政策意图、内涵实质与实现路径［J］. 中国高教研究，2019（05）：92-96.

民工的这些特点，探索实施工学结合的"招工—招生—培养—就业"一体化学徒制人才培养模式是切实可行的有效途径。①

四是教学组织管理由刚性化转向弹性化。要全面改革教学组织管理模式，以"柔性化"管理，让起点各异、目标有别、出路不同的各类学生（学员），都能在具有职业教育特点的环境中顺利完成学业。② 有学者提出，第一，在课程开发方面坚持应用性原则，对社会生源开设的课程，要更多地从基于知识存储为主的学科课程，向基于知识应用为主的行动课程，特别是向基于工作过程系统化的项目、任务或模块课程转变。第二，在教学组织方面坚持多样性原则，对社会生源可采取混合编班、单独编班，或按照生源类别、年龄段等组建班级等多种形式。第三，在教学方法方面坚持适用性原则，要向学生主动、教师随动的过程性知识的习得方式转变，更多地强调行动导向的教学方法的运用。③ 同时，充分利用信息技术和互联网技术，面对不同生源群体探索应用优质数字教育资源和新型教学模式，线上和线下结合，运用好理实一体教学、模块化教学、项目教学、案例教学等手段，推广教学过程与生产过程实时互动的远程教学。④ 第四，在教学评价方面坚持广域性原则，针对社会生源的教学评价方法、方式、主体、标准等，应从共性囿于学校的评价走向个性基于校企合作的评价——形成性和常模评价的方法、第三方或企业评价的主体、"技能+知识"和 1+X 证书与学历转换的标准更为适合。⑤

加强优质院校引领。高职院校实现高质量扩招 100 万，需要有一批优秀高职院校率先响应，示范带动。有学者提出，自 2006 年以来建立的 400 多所国家、省级示范（骨干）性高职院校和优质高职院校，要先行先试，率先示范。重点研究退役军人、下岗职工、农民

---

① 郭广军，李树生. 扩招背景下在职与职后高职教育供给结构与质量改革路径研究 [J]. 职业技术教育，2019，40（15）：11-16.
② 王寿斌. 百万扩招高职如何面对 [N]. 中国教育报，2019-3-12（9）.
③⑤ 姜大源. 论高职扩招给职业教育带来的大变局与新占位 [J]. 中国职业技术教育，2019（10）：5-11.
④ 马树超，郭文富. 高职院校百万扩招的战略意义与实现路径 [J]. 中国高教研究，2019（05）：88-91.

工等不同生源对象,他们愿意学什么、怎么学;专业教师有没有能力教、应该怎么教。尤其是2019年进入"双高"建设计划的院校,更应该详细列出扩招计划和可行性方案,创新思路,分担责任,逐年落实,成为服务国家发展的高水平高等职业学校和专业群。①

建立国家资格框架。满足人的多样化学习需求,建立学分认定、积累和转化制度是基础,建立国家资格框架是保障。有研究者认为,要实现百万扩招后高职院校"办适合的教育",亟待健全国家资格框架。有了这一制度,才能确保教育包括高等职业教育是面向人人的,每一个人在任何时间、任何状态、任何背景下都能进入,且可以在学习与工作中随意切换、顺利累积、终身受用。② 第一,高职院校积极对接重点人群的学习需求与学习特点,以创新应用能力为导向、以学生为中心探索"模块化设计""进阶式培养"。第二,建立和完善国家学分银行制度,建立对先前学习成果的认定制度,创建全国范围的网络学分库,建立国家学分的积累和转换制度,打造国家学分与学历证书、职业资格证书、技能等级证书之间的转换通道。第三,以跨界对接教育框架与劳动市场、对接地方框架与国家框架、对接中国框架与国际框架为原则,建立和完善国家资格框架。③

当前,各方面对扩招的重要意义已达成共识,对扩招给职业教育带来的全方位挑战和应对举措已展开多维度分析。扩招工作即将收官,而由扩招带来的人才培养问题才刚刚起步,如何进一步释放政策红利,实现"高质量扩招""高质量人才培养",需要研究者扎根实践,将"应然之策"落小落细落实,分层分类提供系统、可操作的解决之道。

---

① 马树超,郭文富.高职院校百万扩招的战略意义与实现路径 [J].中国高教研究,2019(05):88-91.
② 匡瑛,石伟平.论高职百万扩招的政策意图、内涵实质与实现路径 [J].中国高教研究,2019(05):92-96.
③ 国卉男,秦一鸣,赵华.扩招100万:重点人群进入高职教育所面临的现实矛盾与变革路径 [J].职教论坛,2019(07):79-85.

四、实施 1+X 证书制度试点工作，推进产教融合的深入

2019 年《国家职业教育改革实施方案》在"构建职业教育国家标准"中提出启动 1+X 证书制度试点工作。探索实施 1+X 证书制度，是"职教 20 条"的重要改革部署，也是推进新时代职业教育改革的重大创新。

（一）政策进展

2019 年《国家职业教育改革实施方案》提出，深化复合型技术技能人才培养培训模式改革，借鉴国际职业教育培训普遍做法，制订工作方案和具体管理办法，启动 1+X 证书制度试点工作。试点工作要进一步发挥好学历证书作用，夯实学生可持续发展基础，鼓励职业院校学生在获得学历证书的同时，积极取得多类职业技能等级证书，拓展就业创业本领，缓解结构性就业矛盾。国务院人力资源社会保障行政部门、教育行政部门在职责范围内，分别负责管理监督考核院校外、院校内职业技能等级证书的实施（技工院校内由人力资源社会保障行政部门负责），国务院人力资源社会保障行政部门组织制定职业标准，国务院教育行政部门依照职业标准牵头组织开发教学等相关标准。院校内培训可面向社会人群，院校外培训也可面向在校学生。各类职业技能等级证书具有同等效力，持有证书人员享受同等待遇。院校内实施的职业技能等级证书分为初级、中级、高级，是职业技能水平的凭证，反映职业活动和个人职业生涯发展所需要的综合能力。

2019 年 4 月，《教育部等四部门印发〈关于在院校实施"学历证书+若干职业技能等级证书"制度试点方案〉的通知》。自 2019 年开始，重点围绕服务国家需要、市场需求、学生就业能力提升，从 10

个左右领域做起，启动 1+X 证书制度试点工作。落实"放管服"改革要求，以社会化机制招募职业教育培训评价组织，开发若干职业技能等级标准和证书。有关院校将 1+X 证书制度试点与专业建设、课程建设、教师队伍建设等紧密结合，推进"1"和"X"的有机衔接，提升职业教育质量和学生就业能力。通过试点，深化教师、教材、教法"三教"改革；促进校企合作；建好用好实训基地；探索建设职业教育国家"学分银行"，构建国家资历框架。

2019 年 4 月，教育部发布了《关于做好首批 1+X 证书制度试点工作的通知》，提出了首批试点证书范围：建筑信息模型（BIM）、Web 前端开发、物流管理、老年照护、汽车运用与维修、智能新能源汽车 6 个职业技能等级证书。明确了试点院校范围和条件：试点院校以高等职业学校、中等职业学校（不含技工学校）为主，本科层次职业教育试点学校、应用型本科高校及国家开放大学等积极参与。职业院校一般为省级及以上示范（骨干、优质）高等职业学校、国家中等职业教育改革发展示范学校、具有行业特色的有关院校等，一般应具备以下条件：

（1）开设有与拟参与试点证书对应的专业，近 3 年连续招生，具备一定相关领域职业培训经验。

（2）拟参与试点的专业建设基础好，人才培养质量高，贯彻落实职业教育国家教学标准有力，有较为完备的专业人才培养方案和满足教学、培训需要的教学资源。

（3）拟参与试点的专业有具备培训能力的专兼职师资队伍，其中"双师型"教师不少于 50%，行业企业专家比例不低于 20%，具有满足模块化教学需要的结构化教师教学团队。

（4）具有满足证书培训需要的教学条件和实习实训设施设备。

（5）制度体系健全，教学管理规范，团队保障有力。

不同证书对院校实施培训的有关条件要求由相关职业教育培训评价组织发布。

（二）主要观点

1. 1+X 证书制度试点是面向新时代的诉求

构建 1+X 证书制度不仅有其政策背景，其现实背景也不可忽视。实施 1+X 证书制度是为了满足经济发展和社会进步需要。我国产业结构升级不断加快，社会对复合型、创新型技术技能人才需求加大，对职业技能水平和专业化程度的要求也越来越高，无论是社会从业者还是在校学生，都需要在个体自身能力、学习成果等方面得到公正评价和认定。因此，启动 1+X 证书制度试点迫在眉睫。[①] 有研究者认为，1+X 证书制度的提出是产业转型升级的必然需要，是促进"双证融通"和提升职业技能等级证书竞争力的应有手段，是盘活和利用丰富的职业教育资源与构建国家资历框架的重要契机。[②] 实施 1+X 证书制度也是教育发展的必然要求，有研究者认为，1+X 证书制度是面对如何提高教育质量来满足社会发展需要乃至提高职业教育的影响力的时代之问，所推出的有效举措之一。[③] 有研究者从教育理论筛选的视角进行分析，认为 1+X 证书制度产生的背景正是客观经济发展环境的变化、职业教育扩张性的发展阶段特征，以及长期困扰职业教育的体制机制障碍等多重因素的相互叠加。现阶段我国职业教育所适用的相关证书面临着合理性的诘问，职业教育信号存在一定程度的失灵。[④] 有研究者指出，国家实施 1+X 证书制度有其具体表现：一是产业转型升级对复合型技术技能人才需求较大；二是提升职业技能等级证书含金量；三是职业院校资源可以为职业资格证书考取提供条件；四是国家职业资格框架构建需要。[⑤]

[①] 李寿冰. 高职院校开展 1+X 证书制度试点工作的思考 [J]. 中国职业技术教育, 2019 (10): 25-28.
[②] 李政. 职业教育 1+X 证书制度：背景、定位与试点策略：《国家职业教育改革实施方案》解读 [J]. 职教通讯, 2019 (03): 30-35.
[③] 程舒通. 1+X 证书制度工作的理念、思路、难点及对策 [J]. 教育与职业, 2019 (22): 25-30.
[④] 史洪波. 职业教育 1+X 证书制度的背景、意蕴与实践：基于教育筛选理论的视角 [J]. 教育与职业, 2019 (15): 13-18.
[⑤] 李静, 周世兵. 1+X 证书角色与功能定位研究 [J]. 职教论坛, 2019 (07): 152-155.

2. 1+X 证书制度是实现产教融合的"黏合剂"

1+X 证书制度沟通了校内职业教育与校外职业培训，使得职业教育作为一种类型教育呈现，创新了人才培养模式，有重要的理论意义。有研究者提出，1+X 证书制度能够成为产教融合的"黏合剂"，职普融通的"立交桥"，终身学习的"保障者"和中高职贯通的"连接器"。① 1+X 证书制度的推展也有着其重要的现实意义，有研究者提出该制度能够促进校企深度融合、校企"双元"育人；开创我国职业教育独特的人才培养模式；有利于打造产学研纵向一体化的教育生态链，增强高等职业教育办学活力。② 有研究者强调，1+X 证书制度有利于贯彻落实教育"放管服"工作的要求，有利于加强学校对办学方向、办学标准和办学质量的把控；1+X 证书制度为产教融合、校企合作提供了有效载体，有效融合教育培训市场和劳动就业市场。③ 有研究者则认为，1+X 证书制度在体现学历教育基础性地位的同时，将重心指向多类职业技能等级证书，有助于解决现有职业教育人才培养质量不高、人才培养与企业行业需求脱轨、对学习者支持力度不够的问题。从现实来看，1+X 证书制度具有治理功能、引导功能、保障功能、发展功能和规范功能。④

3. 1+X 证书制度是一种有效的人才培养模式

如何认识 1+X 制度的内涵，对推进 1+X 证书制度试点工作的顺利进行至关重要。从创新层面上来看，1+X 证书制度充分彰显了时代要求。1+X 证书制度试点工作向双证书制度借鉴了不少的实践经验，但 1+X 证书制度在概念、定位、"X"证书开发建设主体、运行机制、管理模式等方面都发生了根本的变化，作为一个学校职业教

---

① 王兴，王丹霞. 1+X 证书制度的若干关键问题研究 [J]. 职业技术教育，2019，40（12）：7-12.
② 张艳，刘军. 高等职业教育课程嵌入"1+X 证书"的教学模式探索与研究 [J/OL]. 商业经济研究，2019（21）：179-182 [2019-12-04] . http://kns.cnki.net/kcms/detail/10.1286.f.20191108.1018.100.html.
③ 徐凤，李进. 1+X 证书制度在职业教育创新发展中的价值及试行路径研究 [J]. 中国职业技术教育，2019（27）：9-12.
④ 蒋代波. 职业教育 1+X 证书制度：时代背景、制度功能与落地策略 [J]. 职业技术教育，2019，40（12）：13-17.

育的制度基础,"X"被定义为"职业技能等级证书",与国家职业资格证书概念、口径、划分的等级层次都有不同。① 有研究者认为,1+X 证书制度是我国职业教育面向新时代、实现创新发展的重要举措,是推动人才培养模式改革的重要制度设计,其制度具有复合性、融通性、协同性、终身性等逻辑特征。② 有研究者认为,1+X 证书制度是一种人才培养模式的创新,很好地衔接了学校的学历教育和社会的用人需求,反映了职业教育活动的内在规律,既是一种教育制度又是一种就业制度,彰显了职业教育的类型特征,推进了中国特色现代职教体系建设。③ 从教育专业目标建设层面上看,1+X 证书制度完善了理论基础又兼顾实践。有研究者从教育目标、教学内容、培养模式、开发主体、运行机制等几个方面详细阐述了 1+X 证书制度的内涵,认为该制度对提高人才培养质量、变革职业教育人才培养培训模式、畅通技术技能人才成长通道、构建校企命运共同体具有重要价值。④

4.1+X 证书制度需要重点处理"1"和"X"的关系

1+X 证书制度试点工作在未来的实际操作中难免会出现一些误区,如过分重视"X"而忽视"1"的地位和价值,过分注重证书的数量而忽视职业生涯规划,容易导致教育的应试化和功利化。⑤ 有研究者认为,"1"与"X"的"配伍"关系还未完全建立,1+X 证书制度的基础工作即专业调研和企业、职业岗位与用人需求分析也并不完善。在职业教育培训评价组织方面,我国职业培训机构虽然比

---

① 孙善学. 对 1+X 证书制度的几点认识 [J]. 中国职业技术教育, 2019 (07):72-76.
② 张培,夏海鹰. 职业教育 1+X 证书制度的逻辑特征与实施策略 [J]. 中国职业技术教育, 2019 (28):35-41.
③ 赵坚,罗尧成. 推进 1+X 证书制度试点工作的若干思考与初步实践 [J]. 中国职业技术教育, 2019 (27):5-8.
④ 杜沙沙,蒲梅. 学分银行理念下"1+X"证书制度:内涵阐释、价值诉求与路径选择 [J]. 中国职业技术教育, 2019 (19):44-49.
⑤ 程舒通. 1+X 证书制度试点工作:诉求、解析与误区的防范 [J]. 教育与职业, 2019 (15):19-24.

较多，但普遍以开展培训为主，较少涉及标准制订和管理。① 基于此，许多研究者从1+X证书制度的课程开发、管理体制机制、信息化平台建设等方面提出了建设性意见。有研究者认为，首先要开发面向职业技能等级证书的模块化课程选课体系，其次要鼓励社会力量多方参与技能等级培训工作，再次依托各类合作企业及行业协会、职业院校等力量支持建立面向全社会的共享化信息平台。最后要促进1+X证书制度与继续教育、学历教育等的衔接与成果互认。② 有研究者认为，"X"证书的考核评价是1+X证书制度实施重要环节，正确地对"X"证书进行评价考核，使1+X证书制度落地生根，要建立"X"证书国家考核标准题库，其次要动态制订培训评价组织"X"证书考核通过率，促进技术技能整体上水平。在"X"证书考核评价中做到科学、公平、公正，应当在监考教师的选配工作中做到随机抽取，随机分配，动态遴选培训评价组织。③ 有研究者指出要正确处理"1"与"X"的关系，利用学分银行制度实现"X"证书学分和"1"中课程学分互换，完善人才成长通道。同时打造一支高水平的培训师队伍，职业院校要育训并举，积极开展社会培训，争取地方政府支持。④

5. 1+X证书制度需要破解诸多问题

从理论上看，1+X证书制度具有其先天的优势，然而在现实实施过程中，依然有诸多难题需要破解。一是1+X证书制度开发过程是否科学。有研究者认为，"X"证书的开发过程中学历证书与职业技能等级证书能否互认，职业院校对"X"证书范围能否正确领会，"X"证书的种类开发中"X"等于多少，是哪几种，国家相关部门

---

① 孙善学. 对1+X证书制度的几点认识 [J]. 中国职业技术教育，2019（07）：72-76.
② 许冰冰. 德国额外资格（技能）教育特色及对"1+X"证书制度的启示 [J]. 成人教育，2019（10）：85-89.
③ 杨堆元. 职业教育"1+X证书"制度中"X证书"考核标准探讨 [J]. 职教论坛，2019（07）：54-58.
④ 戴勇，张铮，郭琼. 职业院校实施1+X证书制度的思路与举措 [J]. 中国职业技术教育，2019（10）：29-32.

尚未明确标准。① 1+X 证书制度也要注意规避误区，在制度设计上要避免坠入封闭性，扩大职业教育治理开放性，在改革层面避免过度市场化，坚守职业教育事业公益性，在实施模式上避免掉入培训化，秉持职业教育的育人本质，在价值导向上避免落入形式化，坚持质量和内涵发展路径。② 二是 1+X 证书制度实施过程是否顺畅。有研究者认为，推动 1+X 证书落地实施涉及两个问题：首先是引进职业技能等级证书时，证书的社会认可度与院校专业的融合度等可行性有待明确。其次是职业院校与培训评价组织合作时，对双方之间的职责、权利、关切、诉求等进行明确、划分与协调。③ 有研究者认为如何实现学历证书与职业技能等级证书实质性沟通是个不可忽视的问题。④ 三是 1+X 证书制度质量保障是否有效。有研究者认为，"X" 证书涉及多个主体，关系到谁发证、谁鉴定、谁培训、谁监督、谁认可，职业教育培训评价组织要发挥其核心作用，负责职业技能等级标准的开发建设，职业技能培训，技能考核的实施、评价和证书的发放等。⑤ 四是 1+X 证书制度推广过程是否高效。1+X 证书制度所带来的模块化教学、学分制、弹性学制等人才培养模式和教学管理制度必将对职业教育现行办学模式和教育教学管理模式产生重大挑战和严重冲击。如何应对 1+X 证书制度带来的影响，是摆在职业教育战线面前的重大课题。⑥ 有研究者认为，1+X 证书制度推广面临困难，学校及师生对 1+X 证书制度认识度不高，人才培养方案及课程标准等教学文件与地方经济发展需求脱节。校企合作不够深入，较难实现育训结合、普技结合，学校实训室为教学型场所，不能满足

---

① 杨堆元. 职业教育"1+X 证书"制度实施的探讨 [J]. 职业技术教育, 2019, 40 (29)：14-16.
② 闫智勇, 姜大源, 吴全全. 1+X 证书制度的治理意蕴及误区规避 [J]. 教育与职业, 2019 (15)：5-12.
③ 王雪琴. 职业教育 1+X 证书制度的缘起、逻辑及其实施 [J]. 职教论坛, 2019 (07)：148-151.
④ 杜沙沙, 蒲梅. 学分银行理念下"1+X"证书制度：内涵阐释、价值诉求与路径选择 [J]. 中国职业技术教育, 2019 (19)：44-49.
⑤ 王兴, 王丹霞. 1+X 证书制度的若干关键问题研究 [J]. 职业技术教育, 2019, 40 (12)：7-12.
⑥ 唐以志. 1+X 证书制度：新时代职业教育制度设计的创新 [J]. 中国职业技术教育, 2019 (16)：5-11.

技能培训与鉴定的需求,"双师型"教师数量严重不足。①

6. 1+X 证书制度进行多元化实践探索

1+X 证书制度的出现是对职业教育基本制度的一次升级,该制度首先在职业教育的领域中进行了实践探索。有研究者认为,在实践层面,试点工作首要任务就是与培训评价组织和毕业生就业单位开展紧密合作;试点院校还应利用校内资源,面向社会成员提供"X"证书的培训服务;在试点初期先行建立和完善校内的学分银行制度,为试点工作保驾护航,为将来对接国家学分银行创造条件。② 有研究者提出,从双证书制度到 1+X 证书制度的转变推动了职业教育的课程改革。在培养目标上从"同一型"向"多元型"转变,在课程结构上从"单进程"向"多进程"转变,在课程内容上从"单向度"向"多向度"转变,在课程实施上从"基于教"向"基于学"转变,在管理机制上从"刚性化"向"弹性化"转变。③ 其次,在质量保障方面对 1+X 证书制度进行了实践探索。有研究者提出试点院校要树立正确的质量观,严把证书入校关,严把证书培训关,严把证书考核关,严把学生毕业关。④ 最后,1+X 证书制度在组织管理中尤有创新之处,有研究者强调,用社会化机制公开招募并择优遴选培训评价组织是 1+X 证书制度设计的一大创新。建立社会化机制具有开放性、竞争性、自主性、动态性,在发挥市场主体的作用同时充分发挥了政府的作用,有利于提高 1+X 证书制度的效率。⑤

综上,构建先进标准的 1+X 证书制度是多方主体参与的过程,也是复杂、长期的系统工程,要进行开放、系统、因势利导的设计,

---

① 张伟,李玲俐.职业院校"1+X"证书制度实施策略研究 [J].职业技术教育,2019,40 (20):16-19.
② 戴勇,张铮,郭琼.职业院校实施 1+X 证书制度的思路与举措 [J].中国职业技术教育,2019 (10):29-32.
③ 刘炜杰.1+X 证书制度下职业教育的课程改革研究 [J].职教论坛,2019 (07):47-53.
④ 李寿冰.高职院校开展 1+X 证书制度试点工作的思考 [J].中国职业技术教育,2019 (10):25-28.
⑤ 唐以志.1+X 证书制度:新时代职业教育制度设计的创新 [J].中国职业技术教育,2019 (16):5-11.

应以政府为主导,各社会机制协同合作,尽快出台国家层面的相关立法,充分发挥行业企业的积极性,同时也应进一步发挥学习者的主体作用,把 1+X 证书制度落到实处。

五、推进高职院校"双高"建设，引领新时代职业教育高质量发展

"双高计划"对于高职院校的意义重大。普通高校自20世纪80年代就有重点学科建设、"211"工程、"985"工程、"双一流"建设等一系列高强度重点建设项目的投入。高职院校的发展中，此前只有2006年由教育部、财政部联合实施的国家高职示范（骨干）校项目。从实施效果来看，该项目很好地拉动了地方对高等职业教育进行的投入，调动了高等职业院校改革建设的动力，提升了一批高等职业院校的办学水平，提高了高等职业教育的社会影响力。在高职示范（骨干）校项目结束后，国家在较长一段时间内没有新的专项投入，"双高计划"落地既落实了《国家教育事业发展"十三五"规划》提出的"积极探索不同类型、不同层次高等学校的一流建设之路"的要求，也充分体现了《国家职业教育改革实施方案》中"职业教育与普通教育是两种不同教育类型，具有同等重要地位"的重要设计。[①]

（一）政策进展

2019年1月，《国家职业教育改革实施方案》提出，到2022年建设50所高水平高等职业学校和150个骨干专业（群）。

2019年2月，《中国教育现代化2035》提出，要推动职业教育与产业发展有机衔接、深度融合，集中力量建成一批中国特色高水平职业院校和专业。

2019年3月，教育部、财政部联合颁布《教育部 财政部关于实施中国特色高水平高职学校和专业建设计划的意见》，从总体要求、

---

① 晋浩天．"双高计划"的现在与未来：专访"双高计划"建设咨询委员会主任委员黄达人［N］．光明日报，2019-10-26（04）．

"一加强、四打造、五提升"十项改革重点任务、组织实施三个方面布局"双高"建设。

2019年4月，教育部、财政部印发《中国特色高水平高职学校和专业建设计划项目遴选管理办法（试行）》，明确了"双高计划"实行总量控制、动态管理、年度评价、期满考核，有进有出、优胜劣汰的管理原则，以及"双高"学校遴选条件和管理办法。

2019年10月，教育部、财政部公示了中国特色高水平高职学校和专业建设计划拟建设单位名单，共有197所高职学校入选。

（二）主要观点

1. 下好新时代职业教育改革发展先手棋

舞好职业教育高质量发展的"龙头"，下好新时代职业教育改革发展先手棋，是"双高计划"的明确定位。"双高计划"不仅要建设一批高水平高职院校和专业（群），更要立足职业教育整体发展的引领性制度设计。[①] 一是引领职业教育类型发展。"双高计划"坚持以我为主、融合提炼、博采众长、自成一家、中国特色、校本样式的要求，积极自主地在制度、标准、规范等方面下功夫，真正把高职教育类型特征不鲜明的问题解决好，探索形成中国特色的高职教育话语体系和标准体系，为中国教育走向世界创造经验。[②] 二是引领现代职业教育人才培养理念变革。中国特色高水平高职学校要在不断提升社会服务能力的同时，树立以学生为中心的理念，在人的全面发展与服务经济社会中寻求平衡，关注学生职业素养、通识能力和可持续学习能力的培养，为学生分类可持续的职业发展提供可能。[③] 三是引领职业院校办学理念变革。中国特色高水平高职学校要明确不同于普通高校以基础性、原理性研究的科研创新定位，聚焦于中

---

① 高志研. "双高计划"引领新时代职业教育高质量发展 [N]. 中国教育报，2019-04-09（9）.
② 周建松. 以"双高计划"引领高职教育高质量发展的思考 [J]. 现代教育管理，2019（09）：91-95.
③ 潘海生. "双高计划"引领职业教育向类型教育发展 [N]. 中国教育报，2019-05-07（9）.

小微企业生产工艺等应用性研究,探索符合自身特色的技术创新模式,成为区域产业优化升级的重要创新源、技术源和人才源,使技术创新成为高职学校内在基因,探索技术创新与教育教学的有机互动模式,以技术创新反哺教学,实现技能人才与技术创新的集成供给,形成"技术创新、人才培养、社会服务、文化传承"有机互动的职业院校办学模式。[①]四是引领职业院校现代治理能力提升。中国特色高水平高职学校需要不断创新深化产教融合、校企合作,吸引社会力量多种形式举办和参与职业院校办学,积极打造学校与社会、科研生产与教学、内部资源与外部资源互为交融的开放式无边界组织模式,不断优化和完善治理结构和机制,加强院校自身能力建设,推动企业高水平参与,实现企业参与职业教育和企业自身利益同频共振,推动形成校企命运共同体。[②]五是引领职业院校人才培养模式变革。中国特色高水平高职学校需要破除内部壁垒,构建基于专业群的专业动态调整机制,打造院系合作、专业融合的学习型组织,践行专业群平台与特色化发展的理念,打造学生个性发展与分流分层的人才培养模式。[③]六是引领职业教育国际化进程。这需要中国特色高水平高职学校在创新实践过程中,积极推进中国特色职业教育模式的理论化、系统化和标准化建设,以"一带一路""中国制造2025"等为载体,积极探索中国职业教育国际化的模式与路径。[④]七是引领职业院校服务能力提升。社会服务是高等职业教育的重要职责。为国家重大发展战略、区域经济社会发展和"走出去"国际化需求提供强有力的智力支持和人才保障,助力经济社会高质量发展,是衡量"双高计划"建设成效的重要标准。[⑤]

综上所述,通过支持一批高职学校和专业群先行先试,形成有效支撑职业教育高质量发展的政策、制度、标准,一方面,为职业

[①②③④] 潘海生. "双高计划"引领职业教育向类型教育发展[N]. 中国教育报,2019-05-07(9).
[⑤] 董刚. 把握"双高计划"建设的三个关键[N]. 中国教育报,2019-04-16(9).

教育改革发展和培养数以千万计的高素质技术技能人才发挥引领作用，另一方面，凝聚职业教育现代化的思想共识与行动共识，带动新时代职业教育实现高质量发展，是"双高计划"鲜明的政策指向。①

2. 引领新时代职业教育实现高质量发展

引领新时代职业教育实现高质量发展是"双高计划"的主旋律。一是高标准定位。"双高计划"建设单位要先强自身，有效服务国家重大战略，密切融入区域经济社会，精准对接高端产业和产业高端，支撑重点、支柱、紧缺、特色产业发展，为经济增值，为学生赋能，彰显职业教育的经济属性和社会属性；还要发挥领头雁作用，创造能复制、可借鉴的改革经验和模式，引领职业教育接续改革创新，完善职业教育和培训体系，深化产教融合校企合作，探索职业教育现代化发展路径，真正做到"当地离不开，业内都认同，国际可交流"。二是高水平设计。"双高计划"建设单位公布后，建设方案要进行必要的调整完善，进一步准确理解"双高计划"的立意和内涵，明晰规划与实施的目标、内容、路径、策略，按照"两步走"的部署梯次递进，体现新理念、新思路、新举措、新抓手、新模式、新突破。完善后的建设方案，改革发展任务应更具体、更落地，更有逻辑、更有力度。三是高效率实施。"双高计划"是荣誉，改革任务是重担。如何加强党的建设？如何打造技术技能人才培养高地和创新服务平台、高水平专业群和"双师型"教师队伍？如何提升校企合作水平、服务发展水平、学校治理水平、信息化水平和国际化水平？篇篇大文章，盘盘活棋路。其中涉及的教育价值和产业逻辑、学校诉求和企业需要、解构和重构、继承和创新、现实和理想，在建设与实施过程中，高水准、高效率应是题中要义。四是高效能产出。项目是载体，投入需产出，结果看绩效。学校办学定位、专业

---

① 高志研."双高计划"引领新时代职业教育高质量发展 [N]. 中国教育报，2019-04-09（9）.

群建设目标与经济社会需求之间的高符合度;人才培养、技术研发、社会服务、文化传承对国家和区域的高支撑度;培养方案、教学运行、培养质量与"三全"质量管理的高契合度;师资队伍、设备设施、实践基地、教学资源等供给的高保障度;学生、用人单位、政府对教育教学质量的高满意度;业内、社会、国内、国际的高知名度;产教融合、校企合作、人才培养与培训模式、"双师型"教师队伍、1+X证书制度、职业培训与技术技能积累等职业教育类型的高辨识度;创建新时代"中国特色、世界水平"的职教品牌,"双高计划"建设单位责无旁贷。五是高质量发展。职业教育"由追求规模扩张向提高质量转变"是新时代的呼唤,尤其是2019年高职有质量地扩招100万人,对高职学校来说更是重大的考验,要求量变和质变"双变并举",校招、社招的规模更大,中、高、本贯通发展的体系更全,专业课程教师的结构更优,校企合作、综合治理的机制更活,对外交流、多元合作共同体的构建更开放。实现高质量发展,必须"形成一批有效支撑职业教育高质量发展的政策、制度、标准","双高计划"建设单位要大胆探索、深化改革、创新发展。①

3. 率先探索新时代中国特色职业教育发展模式

研究者一致认为,"双高计划"肩负着引领我国职业教育高质量发展、实现现代化的重要使命。机遇前所未有,挑战前所未有,墨守成规走老路、按部就班干工作,不可能办出中国特色、世界水平的高等职业教育。"双高计划"学校应全面深化改革,率先探索新时代中国特色职业教育发展模式。②

找准发展定位是前提。有研究者提出,"双高计划"学校要强化使命感,在新时代经济高质量发展的大局中找准定位,把自身发展与国家需要紧密结合;增强发展自信,在国际职业教育发展的前沿

---

① 邢晖.“双高计划”:追求高质量发展 引领职业教育改革创新[N].中国教育报,2019-10-25:01.
② 董刚.把握"双高计划"建设的三个关键[N].中国教育报,2019-04-16(9).

上找准定位，打造中国职业教育国际品牌；把握类型教育特征，在实现职业教育现代化的进程里找准定位，探索职业教育高质量发展的实现路径。①

人才培养高地是核心。评价一所高职学校办得好不好，关键是看人才培养的质量高不高。有学者提出，打造技术技能人才培养高地，要在以下几方面下功夫。要深化产教融合、校企合作、工学结合、知行合一，改革人才培养培训模式，把劳模精神和工匠精神融入教学；要推进"三教"改革，探索教师分工协作的模块化教学，开发使用校企"双元"教材、新型活页式教材、工作手册式教材，推动课堂革命；要开展"学历证书+若干职业技能等级证书"制度试点，将职业技能等级证书培训内容及要求有机融入人才培养方案；要结合当地自然条件、经济状况和文化积淀，探索体现实效的劳动教育实施路径，以劳树德、以劳增智、以劳强体、以劳育美。②

创新服务平台是关键。技术创新和服务能力是高职学校的核心竞争力，但目前高职学校技术创新能力普遍较弱，因此"双高计划"把打造人才培养高地和创新服务平台并列为两大支点，就是要引导高职学校补齐短板。打造创新服务平台，要抓好三个融入，即融入产业发展、融入行业企业发展、融入人才培养过程，以创新型人才培养为目标，以技术技能积累为纽带，以体制机制创新为重点，搭平台、建机制、定制度，一系列举措相互配套，确保人才培养、团队建设、技术服务有机结合、协同推进、整体提升，实现"教学出题目、科研做文章、成果进课堂"。③

高水平专业群是特色。要把专业群建设上升到质量发展、特色发展和品牌发展的战略高度，把专业群作为专业结构优化的重要抓手、资源共建共享的重要载体、服务灵活有效的重要途径、

---

① 董刚. 把握"双高计划"建设的三个关键 [N]. 中国教育报，2019-04-16（9）.
②③ 邢晖. "双高计划"：追求高质量发展 引领职业教育改革创新 [N]. 中国教育报，2019-10-25：01.

内部治理重构的重要机遇，通过专业群建设引导学校准确定位，凝聚办学特色，形成具有显著辨识度和影响力的形象品牌。有研究者认为，打造高水平专业群要把握好"三个高"特征。对接产业吻合度高，要围绕区域支柱产业和新兴产业，聚焦服务面向，优化资源配置，动态调整专业方向，推动教育链、人才链和产业链、创新链有机衔接；资源整合共享度高，要有机整合课程、教师与实训实习等教学资源，实现资源整合和资源共享最大化，充分发挥集群效应，形成人才培养合力；人才培养产出度高，要培养一大批大国工匠和能工巧匠，形成具有国际竞争力的人才培养高地，为中国产业走向全球产业中高端提供高素质技术技能人才支撑。①

"三教"改革是手段。"三教"改革，教师是关键。第一，要以"四有"标准打造数量充足、专兼结合、结构合理的高水平双师队伍。一是要建立专业化、结构化的高水平教师教学创新团队；二是要建设专家型、领军式的高层次专业带头人队伍；三要建设一批精技善教、行业顶尖的高技艺"工匠之师"；四是要广泛建立技能大师工作室，为工匠型教师成长发展搭建平台；五是要在柔性聘任、兼职兼薪等用人机制上改革和突破，积极发挥企业大师名匠在学校人才培养中的重要作用。② 第二，要加强课程与教材建设，及时将新技术、新工艺、新规范等产业先进元素纳入教学标准和教学内容，倡导新型活页式、工作手册式教材并配套信息化资源，确保教学内容体现主流技术。第三，要推广混合式教学、理实一体教学、模块化教学等新型教学模式，推广实时互动、翻转课堂、移动学习等信息化教学模式，推动教育理念更新和模式变革，构建以学习者为中心的全新教育生态。③

产教深度融合是主线。产教融合、校企合作是职业教育的基本

---

①③ 邢晖．"双高计划"：追求高质量发展 引领职业教育改革创新［N］．中国教育报，2019-10-25：01．
② 成军．深刻把握"双高计划"建设的关键［N］．中国教育报，2019-06-04（9）．

办学模式，是办好职业教育的关键所在，也是"双高计划"的基本原则，核心是创新高等职业教育与产业融合发展的运行模式，包括构建产教融合发展机制，打造校企命运共同体，实现要素全方位融合等，为加快建设现代产业体系，增强产业核心竞争力提供有力支撑。①

标准开发应用是抓手。"双高计划"将标准的开发与应用作为重要的建设任务，提出"推出一批具有国际影响的高质量专业标准、课程标准、教学资源"。首先，"双高计划"学校要树立标准化办学的强烈意识，争做标准落实的"示范者"。将人才培养和教育教学关键环节的标准化建设作为高质量发展的"牛鼻子"和"突破口"，落地开发从职业、专业、课程到校企合作、教学过程、学业评价等的校本标准，建立健全标准体系，以高标准引领人才培养改革。其次，积极参与国家标准和行业标准开发，争做标准开发的"首创者"。积极提升校本标准、优势领域的经验与范式，为国家标准制定提供及时有效的科学数据和标准参考；率先牵头研制新技术、新专业、新课程领域的相关标准，引领和促进同行发展；实质性参与行业组织活动乃至牵头组建新兴领域的行业组织，牵头或参与制定行业标准，抢占职业教育在行业标准制定中的话语权。再次，要率先开展标准的国际化，争做中国标准输出的"先行者"。立足本土，在对接国际标准的同时，积极参与国际标准的制定，开发国际通用的专业标准和课程体系，率先将传统优势产业和新兴技术领域的专业教学、优质课程、职业技能评价等标准实现国际通用，并通过国际开放办学充分运用到留学生培养、境外办学和国际培训中，面向世界职业教育提供"中国标准"。②

课程建设实施是载体。高等职业教育高质量发展的载体是课程建设。"双高计划"背景下课程建设，一是要促进信息技术与课程教

---

① 董刚. 把握"双高计划"建设的三个关键 [N]. 中国教育报，2019-04-16（9）.
② 成军. 深刻把握"双高计划"建设的关键 [N]. 中国教育报，2019-06-04（9）.

学深度融合；二是要遵循工学结合、知行合一的原则；三是要注重与课程相关的职业教育标准建设；四是应依托高素质"双师型"教师和高水平实训基地。①

4. 形成"双高计划"建设引领区域高职院校协调发展新格局

"双高计划"建设需要政府、学校、行业、企业同频共振，建立协同推进机制，形成"双高计划"建设引领区域高职院校协调发展新格局。②

党的领导要贯穿始终。把加强党的领导贯穿"双高计划"建设全过程。一是要在"双高计划"项目方案设计时充分体现党的领导，将习近平总书记关于教育工作的重要论述作为设计和制订项目建设计划和任务的根本遵循，以一流党建引领高水平建设。二是要切实做到党建工作与项目建设同部署同落实。三是要把党建工作成效作为衡量计划和项目成效的重要内容，真正做到党建和业务两手抓、两手硬，确保"双高计划"建设和学校各项工作沿着正确方向行稳致远。③

地方政府要统筹推进。"双高计划"需要地方统筹推进，构建多元参与、协同推进的支持体系。发展职业教育的主体责任在地方，建好"双高计划"，地方支持是关键。地方要充分发挥支持职业教育改革发展积极性、主动性、创造性，多渠道扩大资源供给，构建政府、行业、企业、学校协同推进"双高计划"的新机制。结合区域功能、产业特点，建立健全产教对接机制，优化职业学校和专业布局，构建以"双高计划"学校为引领，区域内高职学校协调发展的格局。加大资金和政策保障力度，新增教育经费向职业教育倾斜，对"双高计划"学校给予重点支持。着力推动高职院校和行业企业形成命运共同体，吸引行业企业以共建、共培等方式积极参与项目

---

① 佛朝晖. 实施"双高计划"要加强课程建设 [N]. 中国教育报，2019-05-14（11）.
② 邢晖. "双高计划"：追求高质量发展 引领职业教育改革创新 [N]. 中国教育报，2019-10-25：01.
③ 周建松. 以"双高计划"引领高职教育高质量发展的思考 [J]. 现代教育管理，2019（09）：91-95.

建设。进一步扩大院校办学自主权，建立健全改革创新容错纠错机制，鼓励高职院校大胆试、大胆闯。

高职院校要主动作为。"双高计划"强调学校主动作为，充分激发高质量发展的内生动力。"双高计划"学校应摒弃短视思维和短期行为，强化战略思维和总体规划，深刻把握"双高计划"的政策指向和政策内涵，重新设计学校发展规划；依据学校发展规划，明确阶段性的主攻点和突破口，科学编制项目建设方案，点面结合、长短结合，精准发力、综合施策，实现学校变轨发展、持续发展、高质量发展。① 同时，研究者一致认为，"双高计划"不仅限于入选的学校和专业群，应是高等职业教育战线共同的目标方向，每所学校都应在高水平目标引领下，找准自身发展定位，持续深化改革，强化内涵建设，办出特色水平，实现高质量发展。②

综上所述，"双高计划"建设的目标、理念、要素已经明确，"双高计划"项目的旗帜效应已经凸显，如何发挥"双高计划"院校标杆和杠杆作用，既需要院校改革创新，更需要研究者以"双高计划"院校为载体，总结、凝练、提升可复制、可借鉴的经验、模式，以"双高计划"院校的高标准、高效能引领带动整个职业教育实现高质量发展。

---

① 董刚. 把握"双高计划"建设的三个关键 [N]. 中国教育报，2019-04-16 (9).
② 高志研. "双高计划"引领新时代职业教育高质量发展 [N]. 中国教育报，2019-04-09 (9).

六、发展产教融合型企业，构建校企命运共同体

《国家职业教育改革实施方案》提出要培育数以万计的产教融合型企业，这是深化产教融合、校企合作，发挥企业重要办学主体作用的重大制度创新，是推动职业院校和行业企业形成命运共同体的重大激励机制，是加快推进职业教育现代化的必由之路。

（一）政策进展

2019年1月，国务院印发《国家职业教育改革实施方案》，明确指出"深化产教融合、校企合作，育训结合，健全多元化办学格局，推动企业深度参与协同育人，扶持鼓励企业和社会力量参与举办各类职业教育""培育数以万计的产教融合型企业"。

2019年3月，国家发展改革委、教育部印发了《建设产教融合型企业实施办法（试行）》，明确产教融合型企业的政策定义、遴选条件、建设培育等，将产教融合型企业建设作为现代企业制度建设的重要方向，采取政策组合拳引导、激励企业深入参与产教融合改革，推动需求端和供给端深度融合，进一步打通人才培养体系供需和科技创新链条，形成加快职业教育改革的强大动力。

2019年9月，国家发展改革委、教育部等6部门印发《国家产教融合建设试点实施方案》，扩大了产教融合建设范围，将产教融合型企业、行业、城市和区域发展紧密联系起来，明确提出要充分发挥城市承载、行业聚合、企业主体作用，建立产教融合型企业制度和组合式激励政策体系。

2019年10月，国家发展改革委办公厅、教育部办公厅联合印发《试点建设培育国家产教融合型企业工作方案》，从国家层面进行产教融合型企业建设培育和引导，具有辐射带动效应和榜样示范效应，并指出力争到2022年，以中央企业和全国性特大型民营企业为重点，

建设培育若干国家产教融合型企业（首批拟建设培育20家左右），在全国带动建设培育数以万计的制造业转型升级优质企业、急需紧缺产业领域重点企业以及养老、家政、托幼、健康等社会领域龙头企业的产教融合型企业。

（二）主要观点

1. 明晰产教融合型企业内涵与价值

产教融合型企业作为一个新生事物，不仅要探究其产生逻辑，还要明晰其内涵意蕴和作用价值。有研究者从组织社会学视角探究，认为职业教育产教融合的本质是在社会主义市场经济体制下，重构职业院校与企业之间的组织关系。在组织间市场关系阶段，职业院校与企业处于松散联结状态，职业教育产教融合会遇到有限理性、不确定性和复杂性、行为投机性、"小数现象"等问题。推进职业教育产教深度融合需要从松散联结到实体嵌入的转变，向组织内科层关系适度回归，将"引教入企""引企入教"理念融入职业教育办学实践，发挥企业在职业教育人才培养中的主体作用，让企业深度参与职业教育人才培养的全过程。[①] 因而需要发展产教融合型企业。有研究者从不同经济体制下产业和教育关系存在形态进行比较，认为计划经济体制下产业和教育的结合是依靠行政手段来维持的，市场经济体制下的产教融合是依靠相关法律法规来实现的，必须先破后立，将市场作为资源配置的决定性因素，重新构建产业与教育的关系，从政府配置向市场配置转变，从外力的结合走向内生的融合，凸显企业作为重要的人才资源开发主体在深化产教融合中的价值作用。[②] 有研究者对当前政策文本进行脉络梳理，总结出产教融合型企业的内涵定义，即产教融合型企业是指深度参与产教融合、校企合

[①] 郝天聪，石伟平. 从松散联结到实体嵌入：职业教育产教融合的困境及其突破[J]. 教育研究，2019，40（07）：102-110.

[②] 曹晔. 关于新时代产教融合的几点思考[J]. 教育与职业，2018（18）：5-10.

作,在职业教育办学和深化改革中发挥重要主体作用,行为规范、成效显著,创造较大社会价值,对提升职业教育办学质量,增强吸引力和竞争力,具有较强带动引领示范效应,通过评审认定并经政府授权的企业。① 有研究者用归纳逻辑对产教融合型企业进行内涵界定,分别对产教融合和企业的定义做理论探究,再归纳出产教融合型企业的定义是将商品生产经营服务与相关联的人才培养培训功能融为一体的企业。② 还有的研究者则从演绎逻辑的形式,推演出产教融合型企业的内涵,认为只有先界定清产教融合的内涵意蕴,才能推演出产教融合型企业这一下位概念。产教融合型企业是指具备良好的资质基础,能够独立举办或参与举办教育事业,负责人才培养培训,承担教育实训内容,承建或参与校企公共实训基地建设,积极履行社会责任,主动发挥企业办学主体作用,整合多方资源,经政府和相关权威机构审核认定的有引导性、推广性和示范性的各类企业。③

2. 细化遴选标准发挥辐射带动作用

产教融合型企业的遴选不仅要有更加细化的筛选标准和建设培育方案,还要落实配套金融财税激励政策,激发优质企业的辐射带动作用。有研究者认为,我国职业教育产教融合、校企合作的症结主要在于没有给出明晰可量化的实施标准,使得大部分企业无法深度参与合作,也无法享受到相应的政策优惠和社会效益。企业对职业教育的投资范畴是事关产教融合型企业享受政策红利力度的关键因素,根据不同区域、不同行业、不同企业规模以及职业教育发展状况制定产教融合型企业的标准是推动政策落地实施,有效激励企业参与职业教育的关键。④ 有研究者通过对教育部先期重点建设培育

---

① 周凤华. 建立产教融合型企业认证制度 推动职业院校和行业企业形成命运共同体 [J]. 中国职业技术教育, 2019 (07): 86-92.
② 欧阳河, 戴春桃. 产教融合型企业的内涵、分类与特征初探 [J]. 中国职业技术教育, 2019 (24): 5-8.
③ 刘晓, 段伟长. 产教融合型企业: 内涵逻辑与遴选思考 [J]. 中国职业技术教育, 2019 (24): 9-14.
④ 周凤华, 杨广俊. 产教融合型企业建设培育的若干思考 [J]. 中国职业技术教育, 2019 (18): 5-10.

的产教融合型企业建议名单进行分析发现：产教融合型企业的分布存在明显的地区差异；国有企业表现出强大的竞争优势；政府更关注产业转型升级重点急需领域；重视企业直接举办职业教育。应当理性审视我国产教融合型企业评定的价值取向，在细化产教融合型企业的评定中需要平衡职业教育发展、缩小地区差异；支持民营企业发展、激发经济活力，发挥国有企业的引领示范作用。[①] 有研究者认为应当尽快制定省级职业教育产教融合型企业的标准，根据各区域实际情况进行分类分级建设。从区域层面着手产教融合，做好区域规划，对标《建设产教融合型企业实施办法（试行）》的条件要求，按照各区域的实际情况，在不低于国家标准的情况下尽快制定出省级职业教育产教融合型企业标准，出台省级职业教育产教融合型企业建设与管理办法，使得产教融合型企业的遴选更具操作性与可行性。[②] 还有的研究者认为当前给定产教融合型企业的认定标准和基本条件具有一定的阶段性特点和时代性特征。虽然集中体现了国家宏观战略发展与社会民生价值取向，但对未来行业产业的动态研判和企业参与职业教育发展的实质性需求考虑还不够。因此，为进一步贴合行业企业的生产发展需求，使产教融合型企业政策实施落地，应利用大数据分析等技术，预测分析未来行业产业新的发展动态并大量调研采集各行业各类型企业的实际发展需求，细化遴选认定标准。对标准里的参与职业教育的投资额等指标条件，逐步采取量化和可视化措施，使得遴选更加科学化、系统化与合理化。并且应考虑各行业的生产发展标准或特殊需求，深入结合各地区的行业产业实际发展情况，扩大遴选企业的覆盖面。深入分析不同企业的成长周期、生产组织方式和阶段性用工需求，让更多合适且优质的企业参与到职业教育中来，发挥各行各业产教融合型企业的典型示范效

[①] 王辉，陈鹏．产教融合型企业评定特征及理性审思：基于教育部先期重点培育企业的分析[J]．中国职业技术教育，2019（18）：21-27．

[②] 潘建华．建设职业教育产教融合型企业的逻辑基础与基本策略[J]．现代教育管理，2019（11）：101-105．

应和辐射带动作用。①

3. 健全监督评价体系与准入退出机制

产教融合型企业是深化产教融合、校企合作的重要参与主体，除要不断细化遴选标准和激励政策外，还应当逐步健全监督评价体系和准入退出机制，推进制度建设研究，构建校企命运共同体。有研究者从制度障碍的破除与重建来看，认为在当前我国职业教育发展中，制度缺陷是影响职业教育发展的主要问题。表现为既可能是某一方面大的制度的系统缺失，也可能是某个较小制度的缺失或者是虽然有某方面的制度，但相关配套的制度没有跟上，致使制度的完整性无法实现。因此，要健全制度安排。制度安排是一种结构性安排，是各种制度的具体化。制度安排的主体主要是国家和各级政府。制定出的一系列制度要具体、详细，具有可操作性，要能抓住问题的实质。譬如，产教融合型企业中企业的投入额是一个关键点，如何科学测算企业投入额，是建设产教融合型企业的关键点，必须汇集各方面的智慧，做好制度设计和安排。② 有研究者通过研究欧盟国家企业参与职业教育的经验，从教育立法的角度给出了建议，认为完善的法律法规体系是规范并保障企业参与职业教育的重要基础。以德国为代表的欧洲国家，规范并保障其职业教育与培训体系发展的基础就是完善的法律法规体系建设。从国家层面到地方层面，从教育部门到经济部门，从学校、企业、行业到科研院所，都有相应的法律法规对其在职业教育发展中的责任和义务予以明确的规定，从而有效地保证了企业参与职业教育的规范化、制度化，进而保障了企业参与职业教育的质量与人才培养质量。在我国目前现有的法律框架下，国家层面采取必要的社会政策干预、健全相关的制度安排，带动更多的企业竞相参与到产教融合改革之中，是一种更为切

---

① 刘晓，段伟长. 产教融合型企业：内涵逻辑与逻辑思考 [J]. 中国职业技术教育，2019 (24)：9-14.
② 潘建华. 建设职业教育产教融合型企业的逻辑基础与基本策略 [J]. 现代教育管理，2019 (11)：101-105.

实有效的选择。① 有研究者从制度规约和社会监督层面提出建议措施，针对战略性国家产业发展形态，在相关监管机构中设置基于政府补贴的职能部门，工作人员应熟知产业发展政策且精通企业业务，以防范产教融合型企业各种规避行为所造成的检查高额成本。同时，也可聘请有资质的第三方机构参与，提高对产教融合型企业资格复核的专业性。建立公开透明的信息披露制度，以更好地建设产教融合型企业的征信体系。产教融合型企业征信体系的建立，不仅有利于进入认证目录的企业在投资、融资、补贴、创新等方面的行为合规，更有助于在国家确立引导企业提升产品质量的产业意识形态下，产教融合型企业及时制定并推进内部治理。② 还有研究者通过对某一特定省份高职院校合作企业进行实践调查，对校企合作企业内在需求进行深入分析，建立了基于企业教育侧价值与校企发展内在需求的产教融合型企业评价模型，提出建立产教融合型企业评价体系要依托行业协会，健全评价主体；以明确效能为导向，构建评价标准和指标体系；强化监督管理，公开评价结果；完善对未达标企业的动态退出机制。③

综上所述，大力发展产教融合型企业，构建校企命运共同体是今后进一步完善职业教育现代化的重要一环。深入贯彻落实《国家职业教育改革实施方案》，明晰产教融合型企业的内涵价值、遴选标准和监督评价机制，发挥国家产教融合型企业试点与引导作用，整合优化利益相关方资源，推进产教融合全方位立体化格局构建，从体制机制上深入改革，推进多元主体办学，对新时代职业教育的长效性发展具有重要意义。

---

① 赵昕，许进军. 欧盟国家企业参与职业教育的经验及对我国产教融合型企业建设的启示 [J]. 中国职业技术教育，2019（18）：11-16+75.
② 曹靖. 产教融合型企业的学理逻辑、多维价值及选择适切性研究：企业行为的视角 [J]. 职业技术教育，2019，40（10）：36-40.
③ 李国杰. 产教融合型企业评价实践研究 [J]. 中国职业技术教育，2019（24）：15-20.

七、深化"三教"改革,提高职业教育质量

职业院校"教师""教材"和"教法"贯穿人才培养全过程,事关职业教育"谁来教""教什么"和"怎么教",直接关系到人才培养质量,是教育教学内涵建设的核心内容,是新时代职业教育改革发展的重中之重。国务院印发《国家职业教育改革实施方案》,对加强师资队伍建设、健全双元育人机制作出专门部署,为深化"三教"改革指明了发展方向。

(一)政策进展

2019年1月,国务院印发《国家职业教育改革实施方案》,围绕多措并举打造"双师型"教师队伍,提出了"实施职业院校教师素质提高计划""落实教师5年一周期的全员轮训制度。探索组建高水平、结构化教师教学创新团队""建立健全职业院校自主聘任兼职教师办法,推动企业工程技术人员、高技能人才和职业院校教师双向流动"等方面要求。围绕"教材"建设,明确要求"健全专业教学资源库""遴选认定一大批职业教育在线精品课程,建设一大批校企'双元'合作开发的国家规划教材,倡导使用新型活页式、工作手册式教材并配套开发信息化资源。每3年修订1次教材,其中专业教材随信息技术发展和产业升级情况及时动态更新"。围绕"教法",明确要求"落实好立德树人根本任务,健全德技并修、工学结合育人机制,完善评价机制""适应'互联网+职业教育'发展需求,运用现代信息技术改进教学方式方法"。

2019年10月,教育部发布了《关于组织开展"十三五"职业教育国家规划教材建设工作的通知》,提出"十三五"期间,分批遴选、建设1万种职业教育国家规划教材,其中2019年遴选3 000种左右,2020年遴选、建设7 000种左右。重点规划建设服务国家战略和

经济社会发展急需，量大面广的专业领域，注重引导和组织开发市场供给不足、紧缺专业教材。

（二）主要观点

1. "三教"改革是新时代职业教育改革发展的重中之重

"三教"改革的推进背景，有学者认为是源于"相较于新一代技术发展的速度之快、范围之广、内容之新和内涵之深，一些职业院校在专业升级、课程开发、教学改革、评价完善等方面，显得行动迟缓、发展滞后"，[①]"三教"改革的意义不仅仅是满足教师教学层面的改革需求，也是职业教育更好地服务于经济社会的重要路径。教师、教材、教法都是事关提升人才培养质量的关键要素，直接关系到学生的职业知识掌握、职业技能获取、职业素养提升、职业道德养成。一定意义上说，"三教"改革的成效就决定了人才培养质量。[②] "三教"之间的关系，有学者认为，在教师、教材和教法三者之间，教师是教学改革的主体，也是"三教"改革的关键；教材是课程建设与教学内容改革的载体；教法（或教学模式）是改革的路径，教师和教材的改革最终要通过教学模式、教学方法与手段的变革去实现。[③]

2. 创新教材形态，加强教材管理与衔接

"教材"通过"教什么"决定了学生"学什么"，直接关系到学生综合素养和职业能力的高低。有学者从历史角度，梳理改革开放40年来的发展历程，指出我国的职业教育教材建设在目标上向"以人为本"转变，在模式上向"中国特色"转变，在实施上向"多元参与"转变，在动力上向"市场引导"转变，在管理上向"加强统筹"转变，在未来一个时期，中国要完成从职业教育大国迈向职业

---

① 覃川.人工智能时代背景下的"新三教"改革[J].中国职业技术教育，2019（30）：66-68.
② 秦华伟，陈光."双高计划"实施背景下"三教"改革[J].中国职业技术教育，2019（33）：35-38.
③ 王成荣，龙洋.深化"三教"改革 提高职业院校人才培养质量[J].中国职业技术教育，2019（17）：26-29.

教育强国的根本性转变，职业教育课程和教材改革建设需要实现思想、制度和技术的多重跨越。①

新形势下，职业教育教材面临着一系列新问题。从管理上，有学者认为，教材管理组织体系尚不够健全，教材市场亟待加强监管，教材研究仍然相对薄弱。② 有学者认为，职业教育教材出版管理较松，盗版和盗印问题不同程度存在的。③ 对此，有学者分析并提出优化教材建设顶层设计，形成"一统二规三建"管理框架，加强教材研究与研制团队建设，提高各类教材研制整体水平。④ 有学者通过对比国外职业教育教材修订的先进经验，提出要加强教材编写队伍建设、改进教材审定与出版程序、严格授权教材选用权限的建议。⑤ 借鉴国外职业教育教材评价的实践经验，变革中国职业教育教材评价制度体系，为中国特色职业教育"好教材"建设提供制度保障。⑥

职业教育教材建设要进一步提升服务经济社会发展的能力。有学者认为，专业课教材必须克服现存的教材区域差异性特征不强、教材内容产业先进元素不足、教材编写激励与资质认定机制缺乏等困难与问题，做好顶层设计，制定统一规范的专业教学标准和课程标准，提高教材编写队伍水平，教材编写要统分结合，凸显区域差异性，融入产业界先进元素和工匠精神。⑦ 有学者认为，现有教材从内容选取、开发团队到管理制度和呈现方式上都存在着不同程度的问题，提出"应坚守'底色'，突出'类型教育'基础上的'职业维度'特色，以职业能力本位取向为理念支撑，以客观存在的工作

---

① 刘娇, 王哲, 房巍, 等. 铺设中国特色现代职业教育的跑道：改革开放40年职业教育课程改革与教材建设 [J]. 职业技术教育, 2018, 39 (36)：6-13.
② 肖鹏程, 郭文富. 深化职业院校教材管理改革的若干思考 [J]. 职教论坛, 2018 (12)：30-33.
③ 汪忠明. 深化"三教"改革 提升技术技能人才培养质量 [J]. 中国职业技术教育, 2019 (07)：108-110.
④ 王启龙, 马树超. 我国职业院校教材建设的成效、挑战与对策 [J]. 职教论坛, 2018 (12)：24-29.
⑤ 陆燕飞, 郭扬. 国外职业教育教材开发与管理的经验与启示 [J]. 职教论坛, 2018 (12)：42-45.
⑥ 李鹏, 石伟平. 什么样的教材是"好教材"：职业教育教材评价的理论反思 [J]. 教育发展研究, 2019, 39 (19)：59-67.
⑦ 占小梅, 兰小云. 提高专业课教材服务经济社会发展能力的思考 [J]. 职教论坛, 2018 (12)：38-41.

过程为基本结构，依据专业教学标准、专业人才培养方案和课程标准，倡导使用新型活页式、工作手册式教材，体现教材建设的内容与形式，明晰教材建设的思路与进路，推进职业教育教材建设专业化、专门化、专项化，全面提升教材质量"。[1] 有学者认为职业院校公共基础课仍存在时代性不强、教材体系衔接较弱、网络资源作用不够的问题，建议加强思想教育在教材中的渗透与融入、编制科学性与思想性统一的课程标准、构建以人为本衔接顺畅的公共基础课教材体系、推进公共基础课教材网络资源建设。[2] 有学者通过对6所学校进行实证调查，发现中职语文教材存在不够因材施教、缺乏创新思维、时代思维不足的问题，提出深化因材施教、以人为本，突出合作探索、形式创新，内容上彰显时代精神与学生需求的建议。[3] 有学者分析了课程教材形态的变化，指出目前在为智慧而教的生态系统取向下，随着互联网技术、增强现实技术（AR）和人工智能（AI）等的快速发展，"纸质教材、在线课程、混合式教学"三位一体的课程教学新形态正在形成。[4] 在具体案例分析方面，有学者提出中职数字化教材开发应分为"教学分析阶段、教学设计阶段、制作开发阶段和试用审定阶段"。[5] 有学者指出，职业教育教材评价要转变评价思维，从实践思维、权变思维和统计思维去建构职业教育教材评价理念；从内容标准、设计标准、制作标准、应用标准和风格标准建立评价体系，建构"好教材"等级认证尺度。[6]

3. 深化教法改革，增强智慧信息化教学建设

教法是"三教"改革的重要组成部分。有学者通过分析40年来

---

[1] 张云河.职业教育教材建设的三维图景阐释[J].中国职业技术教育，2019（32）：45-48+52.
[2] 徐静茹，陈嵩.强化职业院校公共基础课教材育人功能的思考[J].职教论坛，2018（12）：34-37.
[3] 王璐，徐国庆.中等职业学校语文教材质量：现状、问题、对策——基于我国六所中职学校的调查[J].中国职业技术教育，2019（23）：46-51+58.
[4] 赵清梅.从教学取向变革看职业教育课程教材形态的发展趋势[J].中国职业技术教育，2018（26）：40-45.
[5] 田晖，张铭命，刘波.中职数字化教材建设的探索与实践：以上海市医药学校教材开发为例[J].中国职业技术教育，2019（32）：49-52.
[6] 李鹏，石伟平.什么样的教材是"好教材"：职业教育教材评价的理论反思[J].教育发展研究，2019，39（19）：59-67.

我国职业教育教学研究文献，发现我国职业教育教学从知识本位教学走到能力本位教学，经过引进实践阶段、认识消化阶段、本土化改造阶段，又从能力本位走向发展本位教学，经历了从学习国外经验、跟跑、伴跑到开始领跑的过程。① 有学者总结40年来职业教育课程与教学研究进展，发现存在核心作者群和研究共同体尚未形成、元理论层面自我反思不够、学科建设滞后、理论与实践脱嵌、研究方法单一与失范等不足，建议未来职业教育课程与教学研究需开展跨界协同，打造研究共同体；构建独特话语体系，彰显研究风格；树立"大职教研究观"，拓展研究视域；走出象牙塔，深度介入教学和工作情境。②

目前，众多院校利用教学资源库进行教学的补充或创新，有学者在对教学资源库进行实证研究后，建议创设有效的激励机制，充分发挥专业教学资源的作用，提升学生的学习动机，促进学生对资源库的使用行为，促使教师将资源库中的资源真正运用于课堂教学，提高课堂教学质量。③ 有学者从"智慧教育"的理念出发，探讨"智慧教育"提升教学有效性的途径，提出相契的教学理念、调整相应的教学设计、创设相宜的教学环境、提供相适的培训资源等，以智慧化的方式提升教学的有效性。在外部发展环境上，进一步加强政策与制度规范，同步推进理念认同与改革实践，以及以精致化标准建设逐步向外推广辐射，这些手段可以保障"智慧教育"的推进效果。④ 有学者认为，应建立"三个课堂"，即校内课堂教授基本理论、完成项目教学、教师答疑解惑；网上课堂传授基本知识、促进拓展学习；企业课堂完成综合技能训练，提升实践能力。通过升级网上课堂，搭建智慧学习平台，实现"三个课堂"实时连接、资源共享、

---

① 巴图查干，邓泽民. 我国职业教育教学研究40年综述 [J]. 职教论坛，2019（03）：51-57.
② 许丽丽，朱德全. 中国职业教育课程与教学研究四十年 [J]. 职业技术教育，2019，40（25）：18-23.
③ 宗诚. 职业教育专业教学资源库学生学习行为影响因素与改善对策的实证分析 [J]. 国家教育行政学院学报，2019（08）：73-80.
④ 赵艳玲. 智慧教育理念下提升职业教育教学有效性探究 [J]. 中国多媒体与网络教学学报（中旬刊），2019（07）：194-195.

相互促进,建立师生互动、企业深度参与的"以学习者为中心"的职业教育课堂教学模式。①

综上所述,深化"三教"改革,落实立德树人根本任务,充分调动学生、教师的积极性、主动性和创造性,才能不断提高技术技能人才培养质量,为经济社会发展和产业转型升级提供人才支撑。"三教"改革的落实,不断完善职业教育国家教学标准体系,加强监督管理,需要省、市、校协同推进,建立健全教育教学质量保障体系;需要更深入的教师、教材、教法研究,尤其是在教材研究领域。

---

① 王成荣,龙洋.深化"三教"改革 提高职业院校人才培养质量[J].中国职业技术教育,2019(17):26-29.

八、建设高素质"双师型"教师队伍,支撑职业教育现代化发展

教师队伍是发展职业教育的第一资源,是支撑新时代国家职业教育改革的关键力量。建设高素质"双师型"教师队伍是加快推进职业教育现代化的基础性工作。2019年职业教育教师政策聚焦"双师型"教师,引导职业教育研究向"双师型"教师标准体系建设、绩效考核激励、培养体制创新、教学创新团队建设等方面落实落细。

(一)政策进展

2019年1月,国务院颁布《国家职业教育改革实施方案》(以下简称"《方案》"),提出要多措并举打造"双师型"教师队伍。《方案》从聘任、培养、培训、管理四个维度对制约"双师型"教师队伍建设的体制机制问题提出突破性的改革意见。一是在教师聘任方面,从2019年起,职业院校、应用型本科高校相关专业教师原则上从具有3年以上企业工作经历并具有高职以上学历的人员中公开招聘,特殊高技能人才(含具有高级工以上职业资格人员)可适当放宽学历要求,2020年起基本不再从应届毕业生中招聘。在职业院校实行高层次、高技能人才以直接考察的方式公开招聘。二是在"双师型"教师培养方面,提出要加强职业技术师范院校建设,优化结构布局,引导一批高水平工科学校举办职业技术师范教育。三是在教师培训方面,实施职业院校教师素质提高计划,建立100个"双师型"教师培养培训基地,职业院校、应用型本科高校教师每年至少1个月在企业或实训基地实训,落实教师5年一周期的全员轮训制度。四是在教师管理方面,第一,探索组建高水平、结构化教师教学创新团队,教师分工协作进行模块化教学。第二,定期组织选派职业院校专业骨干教师赴国外研修访学。第三,建立健全职业院校

自主聘任兼职教师的办法，推动企业工程技术人员、高技能人才和职业院校教师双向流动。第四，职业院校通过校企合作、技术服务、社会培训、自办企业等所得收入，可按一定比例作为绩效工资来源。

2019年2月，《中国教育现代化2035》提出建设高素质专业化创新型教师队伍，并从大力加强师德师风建设，加大教职工统筹配置和跨区域调整力度，健全教师职称、岗位和考核评价制度，培养高素质教师队伍，强化职前教师培养和职后教师发展的有机衔接，夯实教师专业发展体系，提高教师社会地位等方面提出具体举措。

2019年3月，《教育部 财政部关于实施中国特色高水平高职学校和专业建设计划的意见》提出要打造高水平双师队伍，并从规模、结构、培育、管理四个方面对打造高水平双师队伍提出新要求。

2019年4月，教育部等四部门印发《关于在院校实施"学历证书+若干职业技能等级证书"制度试点方案》，从打造能够满足教学与培训需求的教学创新团队，将职业技能等级证书有关师资培训纳入职业院校教师素质提高计划项目，面向试点院校定期开展师资培训和交流等方面提出加强师资队伍建设的举措。

2019年4月，全国深化职业教育改革电视电话会议召开，孙春兰副总理强调，要加强"双师型"教师队伍建设，及时将新技术、新工艺、新规范纳入教材，强化教学、实训的融合。

2019年5月，教育部印发《全国职业院校教师教学创新团队建设方案》，从目标任务、基本原则、建设任务、进度安排、保障措施五个方面指导院校培育和建设教师教学创新团队，提出3年左右打造360个满足职业教育教学和培训实际需要的高水平、结构化的国家级团队的建设目标。

2019年8月，教育部等四部门印发《深化新时代职业教育"双师型"教师队伍建设改革实施方案》，提出从建设分层分类的教师专业标准体系，推进以双师素质为导向的新教师准入制度改革，构建以职业技术师范院校为主体、产教融合多元培养培训格局，完善

"固定岗+流动岗"的教师资源配置新机制，建设"国家工匠之师"引领的高层次人才队伍，创建高水平结构化教师教学创新团队，聚焦1+X证书制度开展教师全员培训，建立校企人员双向交流协作共同体，深化突出"双师型"导向的教师考核评价改革，落实权益保障和激励机制、提升社会地位，加强党对教师队伍建设的全面领导，强化教师队伍建设改革的保障措施等十二个方面建成一支师德高尚、技艺精湛、专兼结合、充满活力的高素质"双师型"教师队伍。

2019年9月，《教育部等四部门关于公布首批全国职业教育教师企业实践基地名单的通知》确定中国通信服务股份有限公司等企业为首批全国职业教育教师企业实践基地，发挥企业在职教师资队伍建设中的重要作用。

2019年10月，教育部印发《职业技术师范教育专业认证标准》，突出职业技术师范教育专业在工匠精神、实践操作能力、职业指导、创新创业、"双师型"教师等方面的职教特色，分为相互衔接、逐级递进的三个层级。第一级认证定位于专业办学基本监测要求；第二级认证定位于专业教学质量合格要求；第三级认证定位于专业教学质量卓越要求。

（二）主要观点

1. 分层分类建立职业院校教师专业标准体系

教师标准是对教师素养的基本要求，没有标准就没有质量。有研究者提出，要从职业品质、专业素养、教育素养、服务素养四个维度提升教师专业发展能力。其中，教师职业品质以师德为精神核心，可分解为政治素质、职业特质、职业理念与态度。专业素养是教师从事教学、科研以及社会服务应具备的专业知识与能力，主要包括专业知识水平和专业实践能力。教育素养是教师的核心能力，也是其教育教学能力水平的集中体现，其构成可归结为教育知识与能力、课堂教学能力和教学建设能力。服务素养可划分为研究创新能力和社会服务能力。研究创新能力是教师提供社会服务的基础，要必备三方面能力：一是技术创新能力，二是项目开发能力，三是成果提炼能力。社会服务能力是教师研究创新能力在社会领域的实践与实用，主要表征为技术服务能力、培训服务能力和文化传承与创新能力。①

以分类考核引导教师分类型专业化发展。有研究者提出，当前职业院校教师分类引导不够，考核区分度也不够，是制约教师分类发展的重要因素。② 对此，有研究者提出，教师要分类设岗管理，可设置以"教学素养、教学过程、教科研成果"等为主的一级指标，职业素养、职业能力、教学工作量、教学建设、研究与服务为主的二级指标，实践能力、教育科研能力、教学效果、竞赛指导等为主的三级指标体系。③也有一些高职院校建立了院校教师分类管理标准体系，一是出台《教师职业道德规范》，把师德表现作为各类考核首要依据，实行"师德一票否决制"；二是确立"双师双能"的教师基本要求，以及服务学院国际化战略的"双师双能双语"更高层次要求，围绕不同层次要求建立制度体系；三是完善"双师双能双语"教师认定、教学业绩考核等各类评价办法，以教师专业发展制度引导教师分类发展。④

综上，教师专业标准的研究仅集中在高职院校教师层次和专业课教师类型上，未实现中职、高职、应用型本科高校层次分明，公共课、专业课、实践课等各类课程全覆盖的分层分类教师专业标准体系构建。

---

① 贺星岳，曹大辉，程有城，等. "双高计划"建设背景下高职院校教师专业发展的逻辑及推进策略[J]. 现代教育管理，2019（09）：96-101.
② 常冬梅. 协同创新视角下职教师资队伍建设的问题与思路[J]. 教育与职业，2019（06）：59-63.
③ 聂小武，蔡明灯. "双一流"视阈下高职院校一流师资队伍内涵发展路径研究：以湖南省为例[J]. 职教论坛，2019（02）：88-93.
④ 张慧波. 中国特色高水平高职院校教师队伍建设的现实要求与实践探索[J]. 中国职业技术教育，2019（05）：15-19.

2. 建立校企人员双向交流协作共同体

当前校企人员互通渠道不畅，在观念、专业能力、待遇、体制机制等层面存在诸多障碍。一是企业人员到学校兼职任教很难得到企业的支持和认同，兼职教师资源开发渠道不畅，行业企业支持力度不强；[①] 同时，学校待遇和企业相比不具备竞争优势，致使企业技术人员不愿意到学校任教。[②] 企业对校企合作、产教融合的支持仍然停留在接受参观、招聘人才等浅层次。[③] 二是高职院校教师深入企业实践尚未形成长效机制。[④] 三是兼职教师专业教学能力有待提高。有研究者基于扎根理论的质性研究范式，对具有企业从业经历的人员转职到中职学校从事专业教学活动的教师进行访谈，研究得出企业转职教师在自我学习能力与解决问题能力、行业联系能力、职业指导能力、教育教学能力（教学风格）方面具有突出优势，而在沟通表达能力与写作能力、教育教学能力（教学策略与教学评价能力）、科研能力等方面的不足也很鲜明。对此，有研究者提出，要从宏观、中观、微观三个层面协力推动建立校企人员双向交流协作共同体。在宏观层面，政府引导、保障行业企业积极深入地参与职业教育，搭建校企人才动态交流"立交桥"；[⑤] 在中观层面，高职院校与政府、行业、企业之间深度合作和产教融合，合作共建"双师型"教师培养基地，形成命运共同体；在微观层面，高职院校多措并举推进兼职教师队伍建设可持续发展，同时积极组织专业教师参加企业实践，建立校企沟通协作长效机制。[⑥]

3. 构建"双师型"教师多元培养格局

研究者一致认为，要健全高等学校与地方政府、职业学校、行业企业联合培养教师机制。

[①] 刘博，李梦卿. 产教融合背景下高职院校兼职教师队伍建设的效能、困惑与消解策略[J]. 教育与职业，2019（17）：66-72.

[②][④][⑤] 姚继超，胡正胜，蔡媛. 高职院校"双师型"教师协同培养路径探析[J]. 职教论坛，2019（06）：73-76.

[③][⑥] 孙兴民，吴燕，田崇峰. 高职院校兼职教师队伍建设的可持续发展[J]. 教育与职业，2019（19）：65-69.

一是协同培育,充分开发"双师型"教师的"源头活水"。《国家职业教育改革实施方案》明确提出"加强职业技术师范院校建设,优化结构布局,引导一批高水平工科学校举办职业技术师范教育"。这是为了从源头入手解决职业教育专业师资不足的困境。因此,需要解决三个方面的主要问题:第一,要整体规划布局职业技术师范院校建设;第二,要积极支持工科大学和综合性本科高校举办职业技术师范教育,尤其要充分发挥部分地方转型发展的应用型本科高校原有的师范教育和专业教育双重优势,重点扶持一批转型发展职业技术师范教育;第三,要不断增强对职教师资培养的政策扶持,积极探索对口招收免费职教师范生的培养模式,在就业岗位、学历提升和社会福利待遇等方面给予一定的政策鼓励。①

二是校企"双元"培养,"双师"精准供给。要发挥职业技术师范院校和培养职教师资的综合性院校的重要支撑作用,积极加强与行业企业的深度合作交流,实施产教融合,校企"双元"培养,重点加强"双师型"师范生的师范性、专业性和职业性教育。有针对性采取有效措施,选择不同的侧重点,补齐不同生源类型学生的"双师型"综合素质"短板",努力培养同时具备理论教学和实践教学能力的合格职教师资,为高职院校提供师资的精准供给。②

三是全面深化人才培养体系改革。逐步建立从本科到硕士再到博士的"双师型"师范生的培养体系。积极探索"3+0.5(企业实践)+0.5(职业院校实习)"的本科和"4+1(企业实践)+1(职业院校实习)"的硕士研究生层次的"双师型"师范生培养模式。③

4. 创建高水平结构化教师教学创新团队

当前教师队伍团队建设难以匹配高水平高职院校要求。首先,团队成员来源单一,以高职院校教师为主,企业优秀的技术技能人

---

①② 姚继超,胡正胜,蔡媛. 高职院校"双师型"教师协同培养路径探析[J]. 职教论坛, 2019 (06): 73-76.

③ 李梦卿. 面向2035设计"双师型"中国样本[N]. 中国教育报, 2018-05-08 (09).

才参与团队建设较少，专业团队的跨界属性亟须加强。其次，高职院校教师团队以教学型团队为主，科研与社会服务型团队偏少。随着高职院校内涵的发展和与产业的结合越来越紧密，急需建设应用研发能力和科技服务能力强的教师团队。再次，教师团队文化建设需要加强，需要进一步强化"专业共同体"建设。高职院校教师团队成员间的专业领域互补、学术发展兴趣互补、专业能力互补需要进一步加强，具有共同愿景和价值追求的团队文化需要进一步凝练。①

部分地区建设教师教学团队取得了积极成效。有研究者指出，专业群教学团队建设是湖南高职院校教师队伍建设的亮点。2017年，全省292个专业群均组建以专业带头人为引领、以骨干教师为支撑、以"双师型"教师为主体的教学团队，专业群教学团队均实行校企"双专业带头人"制度。专业群教学团队为教师合作教学、共同成长、协同创新搭建了平台，为专业群建设提供了有力的师资保障。②

建设教师教学团队要以制度为保障。一是要完善聘任机制保证团队带头人的高质量，通过绩效考核综合师德师风、教学水平、科研水平及发展潜力等因素，体现学校发展追求的价值观，更加强调教师在其专业领域拥有"高精尖"成就，量化考核遴选；二是要提高带头人的薪酬待遇，为其设立专项津贴，尊重认可创新人才对学校发展不可或缺的中流砥柱贡献，激发潜力、提高组织忠诚度；三是要畅通带头人的晋升通道、关注带头人的职业成长，根据带头人的特殊情况设立差异化政策，在出国进修、访学、行业协会挂职等方面给予支持；四是为省市政府遴选的各类人才计划及专业、学术技术带头人制定政策提供履职保障，切实让带头人能够"带好头"而不只是一纸虚荣，保障带头人在教学、科研、技术服务等方面做出

---

① 张慧波. 中国特色高水平高职院校教师队伍建设的现实要求与实践探索［J］. 中国职业技术教育，2019（05）：15-19.
② 聂小武，蔡明灯. "双一流"视阈下高职院校一流师资队伍内涵发展路径研究：以湖南省为例［J］. 职教论坛，2019（02）：88-93.

突出标志性成果，并且重视其为师资队伍、学校发展所做出的努力与成就。①

综上所述，"双师型"教师研究紧跟政策热点，在分层分类建立职业院校教师专业标准体系、建立校企人员双向交流协作共同体、构建"双师型"教师多元培养格局、创建高水平结构化教师教学创新团队等方面进行了探索性研究，但较"双师型"教师政策体系而言，研究仍具有一定的滞后性，尤其对破解"双师型"教师体制机制障碍的一些新的政策点，无法形成全面的研究支撑，这应该成为未来职业院校教师研究的重要着力点。

---

① 聂小武，蔡明灯."双一流"视阈下高职院校一流师资队伍内涵发展路径研究：以湖南省为例 [J]. 职教论坛，2019（02）：88-93.

九、发挥职业教育根源性脱贫作用，打造一支永不撤退的帮扶力量

伴随脱贫攻坚工作深入推进，2019年职业教育服务精准脱贫研究也展现出新的趋向，主要表现在：从政策贯彻落实研究为主逐步转向对职业教育扶贫工作的内涵与机理研究，从应急性的措施对策研究转向长效机制研究，从关注职教内部扶贫研究转向利益相关方的协同扶贫研究，从对区域宏观帮扶转向更为关注个体的精准扶贫研究，从关注脱贫转向防止返贫的研究。

（一）政策进展

2018年8月，中共中央、国务院发布《关于打赢脱贫攻坚战三年行动的指导意见》提出，全力推进就业扶贫。实施技能脱贫专项行动，统筹整合各类培训资源，组织有就业培训意愿的贫困家庭劳动力参加劳动预备制培训、岗前培训、订单培训和岗位技能提升培训，按规定落实职业培训补贴政策。推进职业教育东西协作行动，实现东西部职业院校结对帮扶全覆盖，深入实施技能脱贫千校行动，支持东部地区职业院校招收对口帮扶的西部地区贫困家庭学生，帮助有在东部地区就业意愿的毕业生实现就业。在人口集中和产业发展需要的贫困地区办好一批中等职业学校（含技工学校），建设一批职业技能实习实训基地。着力实施教育脱贫攻坚行动。在贫困地区优先实施教育信息化2.0行动计划，加强学校网络教学环境建设，共享优质教育资源。改善贫困地区乡村教师待遇，落实教师生活补助政策，均衡配置城乡教师资源。

2018年10月，国务院扶贫办等多部门联合下发《关于开展扶贫扶志行动的意见》提出，加强技能培训。围绕贫困群众发展产业和就业需要，组织贫困家庭劳动力开展实用技术和劳

动技能培训，确保每一个有培训意愿的贫困人口都能得到有针对性的培训，增强脱贫致富本领。将贫困群众培育成为有本领、懂技术、肯实干的劳动者。杜绝"保姆式"扶贫，杜绝政策"养懒汉"。

2019年1月，国务院印发《国家职业教育改革实施方案》提出，提高中等职业教育发展水平。加强省级统筹，建好办好一批县域职教中心，重点支持集中连片特困地区每个地（市、州、盟）原则上至少建设一所符合当地经济社会发展和技术技能人才培养需要的中等职业学校。加大对民族地区、贫困地区和残疾人职业教育的政策、金融支持力度，落实职业教育东西协作行动计划，办好内地少数民族中职班。

2019年5月，《国务院办公厅关于印发职业技能提升行动方案（2019—2021年）的通知》提出，加大贫困劳动力和贫困家庭子女技能扶贫工作力度，不断提高参训贫困人员占贫困劳动力比重。持续推进东西部扶贫协作框架下职业教育、职业技能培训帮扶和贫困村创业致富带头人培训。深入推进技能脱贫千校行动和深度贫困地区技能扶贫行动，对接受技工教育的贫困家庭学生，按规定落实中等职业教育国家助学金和免学费等政策；对子女接受技工教育的贫困家庭，按政策给予补助。推动职业院校扩大培训规模。支持职业院校开展补贴性培训，扩大面向职工、就业重点群体和贫困劳动力的培训规模。在院校启动"学历证书+若干职业技能等级证书"制度试点工作。

2019年10月，教育部办公厅印发《关于办好深度贫困地区职业教育助力脱贫攻坚的指导意见》（以下简称《意见》）。《意见》明确，到2020年，确保深度贫困地区建档立卡贫困户中有职业教育需求的学生能够接受中、高等职业教育，更多的建档立卡户中的劳动力能够接受职业技能培训，实现稳定就业，带动贫困家庭脱贫，职业教育服务区域经济社会发展和脱贫攻坚的能力显著增强。《意见》

提出，因地制宜促进普职教育融合，强化统筹建好办好一批职业学校，高等职业教育扩招向贫困地区倾斜，积极开展面向社会人员的技能培训，切实加强职业院校基础能力建设，构建高水平职业教育人才培养体系，完善技能评价与就业服务协同联动的服务体系，完善职业教育协作政策和结对帮扶机制等八项重点工作任务；并提出了一系列保障措施，明确指出中央相关转移支付资金继续向深度贫困地区倾斜，相关省份要加强省级经费统筹，经费安排向深度贫困地区教育脱贫任务较重的地区倾斜。

（二）主要观点

1. "能力扶贫""机会扶贫"是习近平扶贫开发战略思想的一条主线，职业教育扶贫是根源性脱贫的重要途径

脱贫攻坚进入全面收官的关键阶段，职业教育服务精准脱贫研究也在不断深化，研究者将目光更多地聚焦在职业教育精准扶贫理论与实践基础等根本性问题上。

有研究者对习近平新时代扶贫开发战略思想研究进行系统梳理后指出，"能力扶贫"和"机会扶贫"是贯穿习近平新时代扶贫开发战略思想的主线，职业教育扶贫是"能力扶贫"的重要一环，其目的在于使受教育对象掌握一技之长，消除基础教育不足带来的能力缺失，提升贫困人群的人力资本，赋予其谋生和发展能力。[①]

研究者指出，职业教育在精准扶贫中具有直接性、发展性、补偿性三重作用，同时以其内容丰富、形式多样、对象多元、成本低、

---

① 朱方明，李敬. 习近平新时代反贫困思想的核心主题："能力扶贫"与"机会扶贫"[J]. 上海经济研究，2019（3）：5-16.

门槛低的特点,成为各类教育中见效最快、成效最显著的扶贫方式。①②③④ 它有效地解决了主体不发育导致的贫困,通过授予受教育主体职业思想和理念、知识和技能,推动贫困主体通过自身能力摆脱贫困,是根本脱贫的主要途径。特别是在脱贫攻坚进入收官期,贫困地区基础设施接近完善,经费、设施设备不再是主要问题,职业教育扶贫作为根本性扶贫途径,重要性日益凸显。⑤

实践层面研究显示,职业教育以其与精准扶贫的贴合性、内容丰富性、主体多元性、形式多样性、成效显著性成为教育扶贫中的主力军与排头兵。

从宏观政策方面,研究者指出职业教育在脱贫攻坚中至少包含三方面任务:加强职业教育,助推产业扶贫;加大培训力度,实现就业扶贫;办好贫困地区职业教育,实现教育脱贫。具有多样性和多层次性。⑥

从具体实践层面,研究者对高职院校 2015—2019 年扶贫工作调查统计显示,职业教育在精准扶贫中展示了不可替代的作用,硕果累累,成效显著。⑦

一是人才扶贫。五年来,高职院校面向贫困地区招生 286.5 万人,为 1 100 万家庭培养了第一代大学生,为建档立卡等七类资助对象提供专项奖助学金 134 亿元,贫困学生平均就业率达 94.31%;面向贫困地区开展技能培训 331 万人次,培养致富带头人 55.4 万人次,

---

① 聂伟,罗明丽. 贫困地区职业教育精准扶贫作用的制约与张扬 [J]. 职业技术教育,2019,40 (16):60-64.
② 陆颖. 职业教育精准扶贫:作用机理、实践效果与问题反思 [J]. 中国职业技术教育,2019 (1):40-44.
③ 史志乐. 教育扶贫与社会分层:兼论阻断贫困代际传递的可能性 [J]. 教育理论与实践,2019,39 (4):16-19.
④ 彭寿清,王磊. 民族教育精准扶贫的学术反思与实践探索 [J]. 广西民族大学学报,2019,40 (2):163-169.
⑤ 杨智. 深贫民族乡村职业培训扶贫的价值审视与问题探究:以贵州省 350 个深贫民族村为例 [J]. 贵州民族研究,2018 (11):51-58.
⑥ 孟凡华. 打赢脱贫攻坚战既要"输血"更要"造血" [J]. 职业技术教育,2018 (24):1.
⑦ 高职院校精准扶贫报告

改善了当地人口结构，提高脱贫致富能力。

二是智力扶贫。五年来，高职院校为贫困地区派遣技术专家3.6万余人次，开发特色产业项目4 534个，引进产业项目2 003个，提供和引进产业扶贫资金39.55亿元，开展各类技术服务项目16 358个；提高贫困地区健康医疗水平，为贫困地区输送大专层次医护类人才近15万人，完成卫生健康培训近25万人次，培训贫困地区医护人员14万人次；提高贫困地区环保意识、改善生态环境，输送环保类大专层次毕业生6 700余人，开展生态文明培训9万余人次，提供生态环保技术支持1 484项；开展文化帮扶，输送文化艺术类人才近4.6万人，赴贫困地区开展文化宣传活动45.5万人次，捐建各类文化设施、场所1 907个，帮助贫困地区建立乡规民约2 455个，有力推动了贫困地区从"输血式"扶贫向"造血式"扶贫转变。

三是结对扶贫。五年来，通过校村结对，高职院校派出驻村干部1.1万余人次，对口帮扶贫困村4 700个，实现驻村脱贫人口近28万人；通过校校结对，对口帮扶贫困地区学校近5 000所，为贫困地区建设专业7 316个、培训教师近22万人次、捐赠各类教育教学设施设备2.6亿元；通过东西结对，东、中部高职院校面向西部招生近3.5万人，对口帮扶学校2 362所，援建西部专业3 969个，培训教师近6.2万人次。

由于职业教育上述作用和特征，以及显著成效，研究者指出，职业教育与精准扶贫具有服务项目相互渗透、服务对象相互吻合、服务内容相互融合的高度一致性，因此，在脱贫攻坚中成为贯穿始终、全面融合的教育扶贫类型。①

2. 从区域扶贫到精准帮扶，构建起系统有效的职教特色扶贫机制

当前，我国职业教育扶贫工作已经取得了关键性进展：职业教育成为国家反贫困战略的重要组成部分，构建起从中央、省级到地

---

① 胡军，杨和平. 职业教育精准扶贫：深度贫困区的产教融合与实践效能：以三峡库区为例 [J]. 职教论坛，2018 (08)：134-138.

州市级的职业教育反贫困政策体系，职业教育在促进贫困人口脱贫增收致富中发挥着积极而重要的作用。在这一背景下，职业教育反贫困政策取向从应急性反贫困向系统性反贫困转变。① 职业教育反贫困研究也更加关注职业教育扶贫运行机理（机制）的研究分析。

有研究者通过对我国宏观政策和职业教育扶贫历程研究分析后指出，当前我国职业教育精准扶贫运行机理是从精准扶贫对象着手，通过系统化的推进完成拔根扶贫，主要体现在：一是职业教育扶贫对象从宏观到微观的转变，从注重宏观成片区贫困问题转到贫困户、贫困村的精准识别；二是职业教育扶贫路径从给予到自主赋予的转变，从"输血"转向"造血"；三是职业教育扶贫过程从个体到群体的逻辑，即从个体入手进而带动家庭、村落致富。②③

从职业教育扶贫对象分析，职业教育精准扶贫主要体现出三种价值逻辑：一是初级价值逻辑，提升人力资本存量，缩小物质贫困；二是中级价值逻辑，扩充社会关系网络，消除能力贫困；三是终极价值逻辑，提升文化认同，消除精神贫困。④ 因此，针对扶贫对象，职业教育在精准扶贫中包括但不限于以下三个层次：一是直接提升贫困群体劳动生产技能；二是改造贫困群体思想观念，三是提升贫困群体长效发展能力。⑤

在具体微观操作层面，研究者指出职业院校要明确自身的角色定位是资源整合的联络者、精准扶贫的践行者、教育扶贫的主力军、产业扶贫的助力者、特色扶贫的创新者。⑥ 在具体实践中要把握几个关键核心点：精准招生关键在于从政策制度到招生行动的有效转化、

---

① 瞿连贵，石伟平. 我国职业教育反贫困的限度与突破进路 [J]. 职教论坛，2019（04）：6-14.
② 陈柏林，杨乃彤. 职业教育精准扶贫机理分析与"造血"能力建构 [J]. 职教论坛，2018（09）：149-153.
③ 马建富，郭耿玉. 乡村振兴战略背景下农村职业教育培训的功能定位及支持策略 [J]. 职教论坛，2018（10）：18-24.
④ 管小青. 农民工城镇化视角下职业教育精准扶贫的逻辑 [J]. 职业技术教育，2018，39（22）：61-66.
⑤ 段从宇，伊继东. 教育精准扶贫的内涵、要素及实现路径 [J]. 教育与经济，2018，34（5）：23-29.
⑥ 孙新宇. 职业院校精准扶贫的角色定位与路径探讨 [J]. 职业教育研究，2019（5）：20-23

精准培养的根本在于短期促进就业与长远生涯发展紧密结合、精准资助的方向在于外在援助与内生自助的有机统一、精准就业帮扶的难点在于阶段性帮扶与持续性支持的结合。[①]

3. "扶贫"与"扶志"、"扶智"与"扶志"双结合，啃掉"思想脱贫"硬骨头

当前职业教育精准脱贫已经进入啃硬骨头的攻坚阶段：一方面随着脱贫攻坚的推进，扶贫资金和政策对贫困群体脱贫的作用越来越小，边际效应递减，扶贫成效难度渐增；另一方面剩余深度贫困群体人力资本不足，思维固化，自我发展能力缺乏，难以对其产生实质性扶贫效果。[②③]

研究者指出在脱贫攻坚冲刺阶段，最难的是思想脱贫，在部分地区甚至出现固守贫困，不愿脱贫现象。研究者提出，产生这一问题原因：一是国家主导的扶贫开发在一定程度上使得贫困人口主动性没有得到充分发挥，使其对政府政策产生依赖，"等靠要"思想突出。[④] 二是在兜底扶贫过程中，贫困群体虽然可以摆脱生存困境，却容易对帮扶形成依赖，落入"福利陷阱"。[⑤] 三是在前期扶贫中，受目标考核压力，一些地方习惯将大部分资金用于基础设施建设，对产业扶贫、职业教育扶贫投入不足，未能及时激发贫困群体内生动力。

解决上述问题，首先，在当前贫困地区基础设施基本完善的情况下，资金投入要向产业扶贫、职业教育扶贫等长效扶贫领域倾斜，提升资金使用效率。其次，职业教育精准扶贫中要强化"扶贫"与

---

① 瞿连贵，石伟平，汤杰. 推动高质量脱贫的职业教育应对策略［J］. 中国职业技术教育，2019（19）：63-68.
② 马建富，吕莉敏. 乡村振兴背景下贫困治理的职业教育价值和策略［J］. 苏州大学学报，2019（1）：70-77.
③ 史志乐. 教育扶贫与社会分层：兼论阻断贫困代际传递的可能性［J］. 教育理论与实践，2019，39（4）：16-19.
④ 瞿连贵，石伟平. 我国职业教育反贫困的限度与突破进路［J］. 职教论坛，2019（04）：6-14.
⑤ 朱方明，李敬. 习近平新时代反贫困思想的核心主题："能力扶贫"与"机会扶贫"［J］. 上海经济研究，2019（03）：5-16.

"扶志"、"扶智"与"扶志"的结合，在强化技能培训的同时，着力提升贫困群体综合素质，将"扶志"教育全面融进职业教育精准扶贫各个方面，激发他们的内生动力。① 第三，在贫困地区职业院校中，要全面加强德育和劳动教育。最终，充分发挥教育效能，推动贫困群体由"被动脱贫"向"主动脱贫"转变，巩固脱贫攻坚成果。

4. 构建职教反贫共同体，不断提升扶贫新成效

扶贫主体多元化是职业教育精准扶贫的典型特征。② 凡是通过职业教育（包括各类培训）实施精准扶贫的各类主体均为职业教育精准扶贫实施主体。③

从实践层面看，当前职业教育精准扶贫已经形成了一定的多主体合作助力脱贫攻坚动员机制。一是跨区域多主体合作。在国家职业教育东西部对口帮扶框架下，东西部职业院校对口合作，共同实施针对贫困家庭子女的扶贫助困。二是区域内多主体合作。例如，四川、湖南等省的国家示范校与非示范校联合企业，开展基于省域内的对口帮扶，实现校际间优质资源共享与企业联合一体化扶贫机制。再如，基于职教集团，地州市属学校带动县级职中发展，实现区域内优质职业教育资源辐射和带动薄弱学校发展，让更多贫困家庭子女享受优质职业教育资源。④

但从总体来看，职业教育扶贫协同不力。有研究者针对2015—2018年职业教育扶贫相关文献报道分析发现，企业、行业等资源尚未核心参与职业教育扶贫。⑤ 有研究者指出，长期以来，在职业教育扶贫过程中，基本上是以职业院校为单一的办学扶贫主体，教育扶贫与产业扶贫缺乏有效对接导致职业教育扶贫成效"悬浮化"、贫困

---

① 王祥.乡村职教扶贫的志、智"互补"路径探析[J].职教论坛，2019 (09)：142-146.
② 谢盈盈.新时代职业教育扶贫的价值取向、挑战及展望[J].当代职业教育，2019 (1)：70-74+49.
③ 侯小雨，闫志利.近五年我国职业教育精准扶贫研究与实践进展[J].职教通讯，2019 (5)：20-27.
④ 瞿连贵，石伟平，汤杰.推动高质量脱贫的职业教育应对策略[J].中国职业技术教育，2019 (19)：63-68.
⑤ 瞿晓理.我国职业教育扶贫模式研究：基于2015—2018年网络报道的内容分析[J].职业技术教育，2019，40 (12)：48-54.

治理"低效化"。①

研究者指出,产生上述问题的主要原因:一是深度贫困区政府在脱贫攻坚过程中,产业扶贫、教育扶贫孤立进行,缺乏统筹协调,使得专业与产业对接失去重要的平台和有效机制。②二是职业学校、企业和培训机构难以协同作战,往往会出现过多干预与"高高挂起"并存局面。三是区域、城乡之间无法形成良好的联动,无形中加剧了区域、城乡之间职业教育资源不平衡。四是职业教育精准扶贫存在规划不科学、项目管理混乱等现象,难以形成合力。③

研究者指出,有效解决上述问题需要:一是搭建职业教育扶贫主体参与平台。在现有省、市、县级扶贫开发领导框架下,增加职业教育与培训机构的技术专家和贫困群体代表,在相关政策制定和项目设计中表达利益需求;在省、市级扶贫行政部门设立职业教育和培训项目论证制度,由多方利益相关者共同确定职业教育和培训项目。④二是完善管理协同机制,以政府为主导,以县为单位,统筹所关联部门的资金和项目,科学管理,有序对接,形成科学合理的职业技能培训机制。⑤三是建立基于利益共享的产教融合扶贫激励机制。以制度的形式明晰产教各方的权利、责任、义务,探索建立利益共享、资源交换的产教融合模式,对有效开展合作的职业院校和扶贫企业,政府应给予生源拨款和税费减免等优惠政策,鼓励和扶持职业教育扶贫走向深入。⑥四是构建现代学徒制扶贫保障机制。确保招生、招工、用工一体化,确保参与现代学徒制企业具有较高的

---

① 马建富,吕莉敏.乡村振兴背景下贫困治理的职业教育价值和策略[J].苏州大学学报,2019(1):70-77.

② 胡军,杨和平.职业教育精准扶贫:深度贫困区的产教融合与实践效能:以三峡库区为例[J].职教论坛,2018(08):134-138.

③⑤ 陆颖.职业教育精准扶贫:作用机理、实践效果与问题反思[J].中国职业技术教育,2019(1):40-44.

④ 瞿连贵.攻坚阶段我国职业教育扶贫的问题、成因及对策[J].当代职业教育,2019(1):42-49.

⑥ 刘细发.新时代教育扶贫的可行路径探析[J].湖南社会科学,2019(2):52-59.

企业信誉和管理资质。①

5. 信息化加速教育平等化，形成职业教育扶贫网络命运共同体

随着我国信息技术的高速发展，技术治理成为我国扶贫战略实施的新趋势。依据技术治理思想和手段实现职业教育精准扶贫的基本机理和逻辑是：通过互联网技术以及大数据等，精准瞄准贫困群体，分析个体特质和需求差异，制订精准地体现个别差异的培养培训方案，并基于互联网技术开设丰富的网络课程，满足不同扶贫对象的教育培训需求；与此同时，基于信息技术对扶贫对象实施动态管理，准确预测扶贫对象。②

职业教育信息化以先进的信息技术为手段，为职业教育精准扶贫提供了多方面的可行途径，成为推动职业教育精准扶贫的有力杠杆。③部分区域利用互联网技术建立了精准扶贫服务平台，确保各扶贫主体及时跟踪获取扶贫相关信息，有效提升了职业教育扶贫的时效性。部分职业院校利用网络分析技术，对贫困人口及相关经济数据进行量化分析提升了职业教育扶贫对象、内容、方式等的精准性。部分地区通过搭建职业教育扶贫网络系统，将教育、实训、创业、就业等环节有效整合实现了优质教育资源共享。部分职业院校组织贫困人口发展电商，也取得了较好的扶贫效果。④

在取得显著成效的同时，职业教育信息化建设困境也极为突出。一是贫困地区群众信息素养严重不足，很多处于"数字隔离"状态，难以接受、使用信息技术。⑤二是贫困地区职业教育信息化起步较晚，基础设施投入严重不足，存在巨大缺口，同时由于缺乏信息人才，

---

① 刘兴凤. 利益相关者和区域协同视域下的职业教育精准扶贫 [J]. 广东技术师范学院学报. 2018（4）：1-12.

② 马建富，郭耿玉. 乡村振兴战略背景下农村职业教育培训的功能定位及支持策略 [J]. 职教论坛，2018（10）：18-24.

③⑤ 肖力. 职业教育信息化助力精准扶贫研究 [J]. 教育与职业，2018（21）：34-40.

④ 陆颖. 职业教育精准扶贫：作用机理、实践效果与问题反思 [J]. 中国职业技术教育，2019（1）：40-44.

很多地方投入大量资金进行基础设施建设后，仪器设备沦为摆设，投入产出不成正比。三是贫困地区职业院校优秀师资短缺，信息化素养亟待提升。① 四是由于管理分割，部门信息壁垒导致"信息孤岛"，同时职业教育扶贫信息平台缺失，各平台之间数据共享没有打通，信息技术优势难以发挥。②

针对上述突出问题，研究者提出要加速贫困地区信息化建设，推进职业教育扶贫的信息化、智能化，推动职业教育扶贫网络空间命运共同体形成：一是建立职业教育统筹联动的信息化服务支撑机制，利用大数据支持完善职业教育精准扶贫成效评价体系。政府要主导建立职业教育信息化共建共享推进机制，打通数据壁垒，有机整合不同机构的扶贫信息，从而实现区域扶贫资源充分共享。二是加大职业教育信息化建设投入力度，划定职业教育信息化基本配置红线，在扶贫资金分配上优先考虑职业教育信息化需求。三是提升贫困地区职业院校教师信息素养，培养一支教育能力强、信息素质硬的教师队伍。四是精准搭建"线上+线下"职业教育课程体系，推进优质课程资源共享。引导东部发达地区职业院校携手贫困地区院校开发针对贫困地区实际、就业契合度高的优质课程和培训资源数据库，提升贫困地区职业教育质量。贫困地区应结合实际组织课程学习模式，本地教师成为在线课程的组织者、监督者和指导者，有条件的还应建立在线课程辅导和网络学习社区，促进优质资源高效地向贫困地区流转。③④

6. 瞄准"后精准脱贫时代"，打造一支永不撤退的帮扶力量

2020年，我国将全部解决绝对贫困问题，但绝对贫困问题的解决并不意味着贫困问题消失，在"后精准扶贫时代"，职业教育扶贫

---

① 徐晔. 职业教育信息化助力精准扶贫：问题与路径 [J]. 教育与职业, 2019（3）：5-11.
②④ 肖力. 职业教育信息化助力精准扶贫研究 [J]. 教育与职业, 2018（21）：34-40.
③ 左璐. 生态学视域下农村社区职业教育助推精准扶贫的价值与路径 [J]. 职教论坛, 2018（10）：94-99.

重要性将进一步凸显。

研究者指出，随着绝对贫困问题解决，贫困问题出现新的特征：一是贫困群体空间分布特征，从区域性深度贫困地区为主向集中分散并存、以分散贫困为主转变。二是贫困原因表现特征，多种因素交织，教育贫困为根源，在致贫、返贫以及影响脱贫因素中，教育将成为主导。三是贫困演变趋势特征，绝对贫困减少，相对贫困为主体。四是贫困治理的成效特征，边际效应递减，扶贫成效难度渐增，必须基于职业教育和培训等路径，从根本上提高贫困群体自我发展能力，消除贫根。[1]

研究者亦指出，地方在前期精准扶贫实际操作中，往往对"立竿见影"脱贫效果高度重视，对可持续发展关注不够，贫困户面临较大返贫风险。[2] 在精准扶贫进入全面收官阶段，巩固扶贫成果，满足"后精准脱贫时代"人民福祉的要求，将以职业教育为主力的教育扶贫，推上了更重要的位置，必将承担更重的责任和任务。

第一，要进一步完善扶贫治理结构及监督机制，提升职业教育扶贫效能。中央政府要加大顶层设计力度，建立职业教育精准扶贫与其他扶贫方式的对接协调机制，确保扶贫过程的制度化、法律化，提升职业教育扶贫效果。[3]

第二，要持续不断地加强职业院校建设，提升职业院校"能力供给"能力。各职业院校应毫不放松地持续向贫困地区输送毕业生，持续为贫困地区劳动力提供针对性技能培训；中央和各地方要继续强化职业院校东西协作计划，明确职业教育的后续帮扶工作，助推贫困地区由脱贫攻坚向乡村振兴跨越发展，为薄弱地区提供一支永不撤退的帮扶力量。[4]

---

[1] 马建富，吕莉敏.乡村振兴背景下贫困治理的职业教育价值和策略 [J].苏州大学学报，2019（1）：70-77.

[2] 田钊平.民族地区家庭自我发展能力提升与差别化支持政策的完善：以恩施州和湘西州为例 [J].民族学刊，2018（06）：24-33.

[3] 管小青.农民工城镇化视角下职业教育精准扶贫的逻辑 [J].职业技术教育，2018，39（22）：61-66.

[4] 毕树沙.职业教育扶贫的作为与所愿 [J].中国职业技术教育，2019（21）：13-16.

第三，建立和完善职业教育扶贫效果评价指标体系，打造职业教育扶贫长效机制。职业教育扶贫是通过人的素质能力提升实现福祉水平的提升。由于人的素质能力本身难以评价加上从完成到转化的较长时期，使其难以监测评估。这一方面导致无法客观评价职教帮扶等长效根源性脱贫措施效果；另一方面，对后续持续推进脱贫工作来说，显得滞后。[①] 对此，有研究者借鉴多维贫困思路，构建了"脱贫根基保障度、脱贫能力提升度、脱贫通道流动度、脱贫空间协作度、政府与社会支持度"五向度教育脱贫工作绩效指标体系。[②] 也有学者从"教育投入、过程保障、教育产出、教育脱贫"四方面构建教育扶贫政策实施效果评估指标体系。[③] 总体来说，完善职业教育扶贫成效评价考核机制，是当前学界共识。

综上，2019年，职业教育研究者在精准扶贫研究领域，紧密结合习近平新时代扶贫开发战略思想，更加关注职业教育精准扶贫的内涵、机理、路径研究；更加聚焦深度贫困群体精准帮扶、职业教育扶贫共同体打造、加快信息化建设推进教育平等、构建"后精准脱贫时代"职业教育扶贫长效机制等问题，一定程度上反映了当前职业教育精准扶贫工作的新进展、新成效。

[①] 檀学文. 中国教育扶贫：进展、经验与政策再建构 [J]. 社会发展研究，2018 (3)：223-241.
[②] 张琦，史志乐. 我国教育脱贫工作绩效评价指标体系构建 [J]. 教育与经济，2018，34 (2)：35-42.
[③] 袁利平. 教育扶贫政策实施效果评估指标体系构建 [J]. 教育研究，2019 (8)：139-149.

十、人工智能赋能职业教育，助推技术技能人才培养

人工智能是引领新一轮科技革命和产业变革的重要驱动力，正深刻改变着人们的生产、生活、学习方式。人工智能对职业教育的发展变革具有深远的影响，职业教育需紧跟人工智能发展的步伐，把握时代发展的脉搏，将人工智能对职业教育发展的挑战转变为宝贵的财富与机遇。2019 年，研究者主要围绕人工智能引发劳动力市场技能需求变化、促进职业教育人才培养模式变革、提升职业教育综合治理水平等方面展开研究，体现出从形势分析到变革研判、从内部探索到一体建设、从技术依托到深度融合、从适应发展到主动引领的研究趋势。

（一）政策进展

2018 年 4 月，教育部印发了《高等学校人工智能创新行动计划》，指出职业教育要参与到人工智能人才的培养中来，构建人工智能多层次教育体系，"不断优化完善专业学科建设，构建人工智能专业教育、职业教育和大学基础教育于一体的高校教育体系""在职业院校大数据、信息管理相关专业中增加人工智能相关内容，培养人工智能应用领域技术技能人才"。

2019 年 1 月，国务院印发《国家职业教育改革实施方案》，指出要"健全专业教学资源库，建立共建共享平台的资源认证标准和交易机制，进一步扩大优质资源覆盖面。遴选认定一大批职业教育在线精品课程，建设一大批校企'双元'合作开发的国家规划教材，倡导使用新型活页式、工作手册式教材并配套开发信息化资源""适应'互联网+职业教育'发展需求，运用现代信息技术改进教学方式方法，推进虚拟工厂等网络学习空间建设和普遍应用"。

2019 年 5 月，习近平在给国际人工智能与教育大会的贺信中指

出,"把握全球人工智能发展态势,找准突破口和主攻方向,培养大批具有创新能力和合作精神的人工智能高端人才,是教育的重要使命""积极推动人工智能和教育深度融合,促进教育变革创新,充分发挥人工智能优势,加快发展伴随每个人一生的教育、平等面向每个人的教育、适合每个人的教育、更加开放灵活的教育"。

2019年6月,《教育部关于职业院校专业人才培养方案制订与实施工作的指导意见》指出,"推进信息技术与教学有机融合。适应'互联网+职业教育'新要求,全面提升教师信息技术应用能力,推动大数据、人工智能、虚拟现实等现代信息技术在教育教学中的广泛应用,积极推动教师角色的转变和教育理念、教学观念、教学内容、教学方法以及教学评价等方面的改革。加快建设智能化教学支持环境,建设能够满足多样化需求的课程资源,创新服务供给模式,服务学生终身学习"。

2019年9月,《教育部等十一部门关于促进在线教育健康发展的指导意见》中围绕"扩大优质资源供给"指出,"鼓励职业院校、普通高校、科研院所、企业等密切合作,深入实施产学合作协同育人项目,围绕在线教育打造资源共享、开放共建的创新联合体""鼓励职业院校、普通高校结合社会需要和办学特色,加强人工智能、物联网、大数据、网络安全等相关专业建设,大力推进'互联网+''智能+'教育教学改革,促进学科交叉融合,培养在线教育行业发展各类急需人才"。

(二)主要观点

1. 把握人工智能发展态势,因应劳动力市场技能需求的变化

其一,人工智能引发劳动力市场对"技能结构"需求的变化。有研究者从职业教育课程论基础的角度出发,认为在人工智能时代,以"工作知识"为主的知识论基础已无法指导技术技能人才的知识结构变革,因而,"以深厚的基本理论知识为基础、灵活的工作情境

分析与判断为核心、熟练的规范操作与权变创新为表征、崇高的职业理想和道德为追求的专业知识成为职业教育课程的知识论基础的新发展"。[①] 有研究者基于对2018年经济合作与发展组织（OECD）教育报告的分析，认为在人工智能时代，"技能人才需求存在盈缺两极化的结构性矛盾，软技能需求占据中心地位，对横向技能召唤成为主流趋势"。[②] 有研究者从"工匠精神"的视角出发，认为人工智能时代的技术技能人才需要具备以"守""求""创""合"为核心的工匠精神，这四个方面体现为："注重坚守、持之以恒""卓越追求、精益求精""全面创新、敢于突破""协同合作、共享共赢"。[③] 有研究者通过分析近万条网络招聘信息，发现"人工智能领域的雇主对高职毕业生的技能需求内容上呈现综合化的新特点；需求维度上展露出专业能力、方法能力及社会能力三者并重的新趋势；具体技能需求上有显著的行业及岗位特色差异；出现较为明显的人工智能人才集聚现象"。[④]

其二，人工智能引发劳动力市场对"技能类型"需求的变化。有研究者从人工智能时代劳动力市场对技能类型的偏好这一视角出发，通过实证调查发现：第一，我国劳动力市场对非程序性认知技能、非程序性非认知技能以及程序性认知技能的需求不断上升，对程序性身体技能和非程序性身体技能的需求不断下降；第二，劳动力的非程序性认知技能随着教育程度的提高而上升，程序性身体技能、非程序性身体技能随着教育程度的提高而下降；第三，非程序性认知技能、非程序性非认知技能以及程序性认知技能与劳动力的

[①] 王璐，徐国庆. 从工作知识到专业知识：职业教育课程知识论基础的发展[J]. 职教论坛，2019（09）：57-61.

[②] 梁珺淇，石伟平. 人工智能视域下技能人才需求的未来走向与职业教育的路径选择：基于OECD教育报告的分析[J]. 中国成人教育，2019（4）：10-13.

[③] 胡文龙. 智能化时代的工匠精神：价值、意蕴与培育路径[J]. 中国职业技术教育[J]. 2019（4）：58-63.

[④] 许艳丽，吕建强. 面向人工智能的高职毕业生技能需求研究：基于近万条网络招聘信息的调查分析[J]. 高教探索，2019（7）：97-102.

工资性收入正相关，程序性身体技能和非程序性身体技能与劳动力的工资性收入负相关。①

2. 响应人工智能工作世界，助推职业教育人才培养创新发展

其一，以课程与教学为抓手，助推职业教育人才培养模式变革。有多位研究者认为，为应对人工智能引发的劳动力市场技能需求变化的挑战，职业教育需要主动调整专业，对接经济发展与产业升级，做好前瞻性规划；②做好风险管理，建立动态专业设置机制；③专业设置紧跟技术演进与产业发展需求，专业之间需要在课程层面进行交流与整合；④应以专业群为抓手，促进横向能力与"弹性"能力的培养。⑤当然，专业调整离不开具体的"教""学"活动，有研究者认为人工智能时代的职业教育学习要"以'社会'为核心，搭建'多元跨界'的学习内容新平台；以'开放'为理念，建构'多维扩展'的学习方式新平台；以'对话'为方式，创设'多维互动'学习情景新平台"。⑥有研究者认为，要在习得性学习的基础上，建立起实践与思考的对话方式，超越职业流程教学方式，按照项目、任务的要求来培养学生发现问题、解决问题的能力。⑦

其二，构建终身学习和培训体系，形成一体化职业教育体系。有研究者指出，为应对人工智能时代工作方式的"学习化"转变，需要构建"终身学习生态圈"。这一"终身学习生态圈"主要包括时间和空间两个层面。在时间层面，摆脱传统的学校职业教育观念的束缚，将企业培训也纳入广义的职业教育中来，"打开生源培育的

---

① 袁玉芝，杜育红. 人工智能对技能需求的影响及其对教育供给的启示：基于程序性假设的实证研究 [J]. 教育研究，2019 (2)：113-123.
② 姚玲. 人工智能时代职业教育人才培养的升级表征与发展路径 [J]. 职教论坛，2019 (02)：22-27.
③ 孟传慧. 智能技术引发的职业替代风险与职业教育应对策略 [J]. 成人教育，2019 (3)：59-63.
④ 肖龙. 智能化时代工作世界的变革与高职教育的应对：基于社会技术系统理论的分析 [J]. 高等工程教育研究，2019 (3)：130-136.
⑤ 梁珺淇，石伟平. 人工智能视域下技能人才需求的未来走向与职业教育的路径选择：基于OECD教育报告的分析 [J]. 中国成人教育，2019 (04)：10-13.
⑥ 方绪军. 智能化时代：职业教育学习论的路向 [J]. 成人教育，2019 (6)：69-74.
⑦ 胡文龙. 智能化时代的工匠精神：价值、意蕴与培育路径 [J]. 中国职业技术教育 [J]. 2019 (4)：58-63.

'暗箱',在基础教育阶段开展职业启蒙教育"。在空间层面,"高技能人才的培养场域始终是职业学校与企业二者的交叉融合"。① 终身学习和就业培训体系的构建需要资格证书作为支撑。有研究者从证书制度入手,认为"1+X"证书制度不是以往所实施的一些模式的再表达,而是智能化时代复合型技术技能人才培养对职业教育人才培养模式改革的内在要求。因为,人工智能导致职业普遍出现交叉融合的趋势,如操作性职业与专业性职业交叉融合;操作性职业之间交叉融合;各类职业之间的边界模糊。所有这些变化导致技术技能人才呈现出复合化趋势,而"1+X"证书制度的根本意义就在于培养复合型技术技能人才,② 进而推动人才培养模式的创新。

3. 发挥人工智能赋能优势,提升现代职业教育综合治理水平

其一,发挥人工智能大数据智能化赋能,驱动职业院校治理能力。有研究者专门探讨人工智能驱动职业教育治理的内在机制,并在此基础上指出职业院校需更新治理理念以引导大数据智能化驱动的有效嵌入,健全制度建设以保障大数据智能化驱动的有效支撑,优化机制设计以实现大数据智能化驱动的有效推进,创新治理模式以构建人数据智能化驱动的有效机制,重构评估模式以确立大数据智能化驱动的有效价值。③ 有研究者认为人工智能时代,职业院校需要发挥信息技术的多元治理功能,因为信息技术可以有效拓展校企合作的深度和广度,同时提升职业教育的管理水平。④

其二,利用人工智能对教师教学的赋能,提升职业院校教学质量。教师是提升教学质量的关键所在,同时,教师在人工智能时代也遭到一定的冲击。虽然有很多研究者都指出,教师不会被人工智

---

① 肖龙. 智能化时代工作世界的变革与高职教育的应对:基于社会技术系统理论为分析[J]. 高等工程教育研究, 2019(3):130-136.
② 徐国庆,伏梦瑶. "1+X"是智能化时代职业教育人才培养模式的重要创新[J]. 教育发展研究, 2019(7):21-26.
③ 张培. 大数据智能化驱动职业教育治理:学理逻辑、关键要素与路径设计[J]. 职业技术教育, 2019, 40(19):31-37.
④ 陈衍,袁柳,裴珊珊. 人工智能与职业教育变革[J]. 中国高校科技, 2019(1):94-97.

能所取代，但有研究者认为人工智能不会取代高职教师，但懂得与人工智能协同创新的高职教师一定会取代不懂得协同创新的高职教师。所以，职校教师要以此为契机，提升自己协同创新的"新工匠精神"素养，重塑自身角色。① 有研究者探讨了人工智能时代职业教育如何建设"金课"，认为人工智能的发展不仅为职业教育"金课"的建设提供了技术支撑，同时也带来理念转变。所以，职业教育应从"点"到"空间"、智适应学习和"双师型"数字教师三个维度为职业教育课堂"淘金去水"。②

4. 从适应发展到主动引领，推动职业教育服务人工智能发展

职业教育与人工智能的关系并非是人工智能对职业教育的单向影响，而是二者之间的相互影响。有研究者认为，应把人工智能与职业教育充分结合起来，一方面要借助人工智能蓬勃发展的大好形势深化职业教育改革；另一方面要利用好职业教育的技术实力、智力资源和人才优势助力人工智能加速发展，从而实现人工智能与职业教育的"双赢"。③ 与此观点类似，也有研究者提出职业教育要从完全适应且完美应用于人工智能，到进一步引领人工智能发展，由"人工智能+职业教育"发展为"职业教育+人工智能"。④ 关于职业教育如何推动并引领人工智能发展，有研究者认为职业院校应积极探索"人工智能+X"人才培养模式，培养一大批有人工智能背景的复合型专业人才，推动人工智能的应用和发展。⑤ 还有研究者在此基础上进一步探讨了职业院校是否可以建立人工智能一级学科，以及建设一级学科所需要注意的一些问题。⑥

---

① 邓满. 教育人工智能背景下高职教师职业价值变迁与角色重塑 [J]. 职教论坛，2019（07）：93-97.
② 杨勇，林旭. "人工智能+教育"视域下职业教育"金课"建设 [J]. 中国职业技术教育，2019（23）：69-74.
③ 丁晨. 从适应到引领：人工智能时代职业教育发展的机遇、挑战与出路 [J]. 中国职业技术教育，2019（13）：53-59.
④ 董文娟，黄尧. 人工智能背景下职业教育变革及模式构建 [J]. 中国电化教育，2019（7）：1-7.
⑤ 许艳丽，吕建强. 面向人工智能的高职毕业生技能需求研究：基于近万条网络招聘信息的调查分析 [J]. 高教探索，2019（7）：97-102.
⑥ 陈衍，袁柳，裴珊珊. 人工智能与职业教育变革 [J]. 中国高校科技，2019（1）：94-97.

综上所述，在过去的一年里，有关研究者围绕人工智能主题，坚持服务社会发展大局，不断探索职业教育变革的思路，从外部的劳动力市场变化，到内部的职业教育人才培养模式变革，从宏观的院校治理水平到微观的教育教学质量，从职业教育适应人工智能到主动引领人工智能，职业教育研究坚持问题导向，以重大社会战略问题引领职业教育改革发展，体现出积极性、主动性与创造性。

虽然近些年学界围绕人工智能与职业教育发展的研究取得了一定的进展，但仍存在一些不足，这也是未来的研究者需要着重关注的研究生长点。第一，在研究方法上，仍以思辨研究为主，缺少结合不同的产业、行业以及职业进行深入的实证调查研究，研究的科学性有待进一步增强；第二，在研究内容上，较为宏观，如在人工智能赋能职业教育上更多的还是限于综合治理的框架进行研究，缺少微观领域的深度研究；第三，在研究的时代性上，存在一定的滞后性，如对"5G+人工智能""区块链"技术响应不及时。为此，建议未来的研究从以下几个方面展开：第一，在研究方法上，需从理论思辨研究为主走向理论思辨与实证研究并重的局面，根据不同的研究领域、研究主题、研究对象选择适切、多样的研究方法，尤其是需要结合不同的产业、行业甚至不同职业进行深入的实证调研，分析人工智能对不同产业、行业以及职业的技能需求变化的不同影响，进而能够科学有效地调整人工智能背景下职业教育人才培养模式，从而增强研究的针对性以及对职业教育实践指导的有效性。第二，在研究内容上，需要在当前研究的基础上进一步细化与深化，如在人工智能赋能职业教育的研究上，可以在人工智能赋能学生学习、教师教学、实习与培训管理等方面结合具体的院校或具体的专业开展行动研究、实验研究，促进理论研究与实践变革的有效结合。第三，在研究的时代性上，需紧跟当前科技发展的前沿领域，如主动探索"5G+人工智能"对职业教育发展变革的影响，探索"区块链"技术在职业教育发展变革中的应用等。

后　　记

《中国职业教育科研发展报告（2019）》梳理了近年来全国职业教育科研工作进展，并对2019年职业教育科研立项、论文、专利情况以及职业教育研究热点进行了综述，旨在为职业教育战线的决策者、研究人员以及院校管理者提供参考。

本报告由教育部职业技术教育中心研究所所长王扬南担任主编，刘红承担组织协调与统稿工作。各部分的撰写人分别为：总报告——全面提升职业教育科研服务高质量发展整体贡献力（王扬南、刘红）。数据分析：2019年职业教育学科研究数据分析（刘晓、匡惠华）；2019年全国高职院校科研成果数据分析（刘红、匡惠华）。研究热点：全面贯彻党的教育方针，推进职业教育高质量发展（陈鹏）；凸显新时代职业教育类型特质，完善职业教育与培训体系（刘晓）；高质量完成百万扩招，为产业经济转型升级提供优质人力资源支撑（郭静）；实施"1+X"证书制度试点工作，推进产教融合的深入（欧阳忠明）；推进高职院校"双高"建设，引领新时代职业教育高质量发展（郭静）；发展产教融合型企业，构建校企命运共同体（刘晓）；深化"三教"改革，提高职业教育质量（刘晓）；建设高素质"双师型"教师队伍，支撑职业教育现代化发展（郭静）；发挥职业教育根源性脱贫作用，打造一支永不撤退的帮扶力量（车明朝）；人工智能赋能职业教育，助推技术技能人才培养（陈鹏）。本报告得到了27个省（自治区、直辖市、计划单列市）职业教育科研机构的支持，提供了本地区的职业教育科研工作进展报告。

  本报告的编写得到了教育部孙尧副部长的关心和指导，得到了教育部副总督学王继平、职业教育与成人教育司司长陈子季等领导的指导和鼓励。本报告的出版得到了高等教育出版社的鼎力支持。在此谨向为本报告做出了贡献及关心支持本报告的社会各界人士致以诚挚的谢意。

  由于时间和能力所限，本报告难免存在一定的疏漏和不足，在此诚挚地希望广大读者给予指正。

教育部职业技术教育中心研究所
2019年4月29日

郑重声明

高等教育出版社依法对本书享有专有出版权。任何未经许可的复制、销售行为均违反《中华人民共和国著作权法》，其行为人将承担相应的民事责任和行政责任；构成犯罪的，将被依法追究刑事责任。为了维护市场秩序，保护读者的合法权益，避免读者误用盗版书造成不良后果，我社将配合行政执法部门和司法机关对违法犯罪的单位和个人进行严厉打击。社会各界人士如发现上述侵权行为，希望及时举报，本社将奖励举报有功人员。

反盗版举报电话　　（010）58581999　58582371　58582488
反盗版举报传真　　（010）82086060
反盗版举报邮箱　　dd@hep.com.cn
通信地址　　北京市西城区德外大街4号
　　　　　　高等教育出版社法律事务与版权管理部
邮政编码　　100120